介紹

作者： 蓮生活佛盧勝彥

主題： 無人彈時就無聲、
有人彈時就有聲、
喜聲悲聲均由此、
借問聖賢聲何聲。

創作時間： 2007年12月

書畫賞析：

月琴是一種中國傳統彈撥樂器，身形圓潤，頸柄細短，音色悠揚分明，它是「無人彈時就無聲、有人彈時就有聲、喜聲悲聲均由此」這月琴彈奏的旋律，是發抒什麼樣的情感呢？這就要「借問聖賢聲何聲」，由彈奏大師來告訴你了。猶如蓮生活佛盧勝彥文集，無人翻閱時，是悄然無聲安置於書架，而有人閱讀，文字就會如音符般躍然紙上，明心見性的智慧也均由此，所以書中文句要傳遞什麼訊息？當然就要由法王作家來詮釋了。而作者在本書中提到「這些平常的句子，在透徹的了解之後，就產生了超越的觀點。」，闡釋了即使是平凡的文句，一旦為聖賢所發掘而重新演繹，等同為它鍍上金，散發了閃亮耀眼的光芒。由於本書的重點就是聖賢告訴讀者「聲何聲」，因此選用這幅以月琴獨白的畫作為封面基本元素，加上作者是將句子深入探討而做新解，猶如演奏大師將月琴拿起彈撥，老調新彈，反而流露令人驚艷且震撼的搖滾金句。因而封面設計利用這幅傳統水墨的畫作，將月琴斜立如彈撥狀，從中跳躍出以書內金句文字象徵的音符，而月琴就在金黃色環繞不斷擴散的帶領下，流露繽紛多彩的顏色布滿整個封面，表現了作者超越觀點的新覺受。

財團法人

真佛般若藏

妙智慧的總集　明心見性由此開始

就算「理」上你開悟了，
但在「事」法上，
你要慈悲、喜捨、能淨、平直。
這樣子「理、事」合一，
才是「真悟」。

～蓮生活佛盧勝彥

閃亮的金句

尋找滄海遺珠

Shining Golden Words

盧勝彥・著

閃亮的金句（序）

我記得有這樣的故事：

在佛陀時代，有一位很有名的醫生，他就是磨揭陀國的耆婆醫生。

他常常為佛陀的弟子治病。

他甚至為國王，用巧妙的麻醉，醫好國王的腦部的腫瘤，是古代的開刀手術。

印度的耆婆。

中國的華陀。

互相媲美，據說華陀曾為「關雲長」，也一樣的開刀。

故事是這樣的：

耆婆學醫的時候，老師叫所有的學生，去尋找「沒有藥性的草」回來。

弟子們上山去找。

幾乎每一個弟子都帶回一根「沒有藥性的草」回來。

老師默默無語。
後來耆婆回來了，手上空無一物。
老師問：
「何以空手而返？」
耆婆答：
「尋遍所有的草，每一株草，都有藥性。」
老師點點頭：
「善哉！是的，你才是一位真得的弟子！」
於是，
耆婆成為當代名醫。

我（盧師尊）以這個故事為引子，我在尋找滄海的遺珠，閃亮的金句。我竟然發現，很平常的文字或句子，都是閃亮的金句，其實俯拾即是。
這些句子都是：
珍寶。

黃金。

真理。

格言。

要訣。

…………。

這些平常的句子，在透徹的了解之後，就產生了超越的觀點。

一般人很容易忽略這些句子，但，一仔細探討，你會跳了起來，非常驚艷。

原來滄海遺珠，處處皆是。

二〇二四年五月五日，我在彩虹雷藏寺做「護摩火供」法會。

瑤池金母進入我的心中，我坐在法座上，一時之間，淚水流了下來，淚水流了約二十分鐘。

人問：

「盧師尊悲傷什麼？」

我答：

「不是我哭，是瑤池金母哭。」

人問：

「哭什麼？」

我答：

「慈悲眾生。」

我告訴大家：「瑤池金母教導我，為他人想，以慈悲對待眾生。」

這句話很平常，但平常中有不凡。會嗎？

這是金句！

蓮生活佛・盧勝彥
Sheng-Yen Lu
17102 NE 40th Ct.,
Redmond WA 98052
U.S.A.

二〇二四年四月

閃亮的金句
尋找滄海遺珠
Shining Golden Words

目錄 CONTENTS

話說天下大事

我這個人，喜歡讀書，沒有一天不讀書的。

所謂讀書，不是學校的教科書，而是一般「雜書」。

例如：

《上古神話演義》。

《東周列國誌》。

《三國演義》、《西遊記》、《封神榜》、《水滸傳》、《紅樓夢》、征東、征西、平南。……………

早期武俠小說，毛聊生的「青萍劍」、「羅功劍」。平江不肖生的。至於古龍的、金庸的，全看遍。

另，外國「大仲馬」、「小仲馬」的著作。

日本戰國時代「德川家康」、「豐臣秀吉」、「織田信長」的歷史。「川端康成」的著作。

還有《蜀山劍俠傳》。

得諾貝爾獎的《靈山》。

我把租書店的「大鵬書局」的書，全看遍了！

哈！哈！

總而言之，統而言之，捉到書就看。

印象中，演義的書，有一句話，引起我的注意，這句話是：

「話說天下大勢，合久必分，分久必合」。

我想了想，這是「金句」。

我們看看歷史：

東德、西德的分合。

北越、南越的分合。

南韓、北韓的分合。

中國、台灣的分合。

還有現在俄國、烏克蘭。以色列、巴勒斯坦。

莫不是分分合合，合合分分，這樣輪迴來，輪迴去。

外蒙古、內蒙古。

馬來西亞、新加坡。

…………。

還有印度、巴基斯坦。

歷史上的分分合合，地理上的分分合合，人文上的分分合合，種族上的分分合合，宗教上的分分合合。

正是印證了一句話：

話說天下大勢。

合久必分。

分久必合。

我知道，這些分分合合全是：

眾生貪欲熱惱之病，眾生瞋恚熱惱之病，眾生愚痴熱惱之病。

這些全是「無明」。

這種「無明」從古至今，沒有間斷過。

例如：

蒙古大帝國，橫跨亞洲、非洲、歐洲、中東…………。
如今何在？
羅馬大帝國。如今何在？
亞述大帝國。如今何在？
…………。
東條英機（激性人格異常）
墨索里尼（激性人格異常）
希特勒（激性人格異常）
所謂「戰爭」就是人類的集體「無明」。
我們了知無明之病，就要明白它的起源，對治的方法，去除病根，永不復發。

懂得了這些全是：
煩惱。
執著。
我們明白了，「話說天下大勢，合久必分，分久必合。」
一切，付之一笑！

誰開悟了？

有一個人跑來對我說：
「我真的開悟了！」
我問：
「開悟什麼？」
他答：
「一切皆空。」
後來，他進了精神醫院。每天叫「開悟」。
又有一位。
「我真的開悟了！」
我問：
「開什麼悟？」
他答：
「一切人事毫不相關。」

後來他成了遊民，無所事事。
又有一位。
「我真的開悟了！」
我問：
「開什麼悟？」
他答：
「我的身子全是假的。」（幻化）
後來他自殺了！
……………。這樣子的開悟者，其實是有的。
現在，我聽到誰開悟了，我都滿關心他的，我希望他明白：
智慧方便。
權實一如。
空色一如。
有無一如。
佛魔一如。

如果沒有實在的功夫，只是鸚鵡學語，每天喊：「無來無去無代誌！」或「虛空粉碎」或「拖死屍者誰？」或「打破黑漆桶！」。…………

那些只是口號。

我（盧師尊）自己也曾經說：

「無干涉！」

（意指清除了「法性」的障礙物，與一切遮障無干涉，親見「法性」）

我也表演肢體上的開悟：

「金雞獨立」。

（意指不二法門，絕對的，只是一，不是二。）

但，

我也欣賞一個金句：

自性迷即是眾生。

自性覺就是佛。

慈悲即是觀音。

喜捨即是勢至。

能淨即是釋迦。

平直即是彌陀。

就是這幾句平常的話，打動了我的內心。

就算「理」上你開悟了，但在「事」法上，你要慈悲、喜捨、能淨、平直。

這樣子「理、事」合一，才是「真悟」。

理是「空」。

事是「有」。

是一不是二。這才是法要的旨趣。

我們最忌，只有理上的「空」，很容易走入「頑空」的歧途。

撥無因果。

輪迴亦空。

淨土空。

涅槃空。

最後是「空空」！

要以貌取人

很多人說：

「不可以以貌取人！」

但，

我說：「要以貌取人！」

（這也是我的金句，不折不扣的金句）

我（盧師尊）善觀氣色，這善觀氣色，就是以貌取人。

我從人的臉上，看出「他、她」的一生。

眉毛——兄弟宮。

眼睛——聰慧宮。

眼尾——桃花宮。

鼻頭——財帛宮。

耳朵——長壽宮。

下巴——奴僕宮。
舌頭——健康宮。
…………。
這不只是臉，包括身、四肢，都有很多的記號。
我可以如此說：
「每一個人的過去、現在、未來，全記錄在這個人的身上，無一例外。」
更重要的是：
這個人散發出來的「氣」，「氣」是無形的，唯，明眼者可以看出。
佛陀有三十二相，八十隨形好。
轉輪聖王亦有三十二相，八十隨形好。
但，二者不同，重點在「氣」不同。
外貌好的人，不一定是善人。
外貌凶的人，不一定是惡人。
這話沒有錯，但，我們善觀「氣」的人，是可以分辨出來的。
這是很細很細的觀察，非同小可的，但，仍然可以看出。

我常說：

「每一個人，要對自己的相貌負責，因為，這全是你自己造成的。」

佛具足三十二相、八十隨形好，這是最圓滿的相，是由各種內在德行相應外在而成。

這德行指的是：

持戒。

佈施。

精勤。

無煩。

無執。

全身閃亮的光氣，徧照十法界。不僅僅外相圓滿，內在的靈性也圓滿。

至於轉輪聖王，所得的三十二相，八十隨形好。是福報所得。

有外相而無內相。沒有光氣，只有福光而已。

一個修行人的相是：

「淡然無求」的相，這種相，是不貪財、不貪色、不貪名。這種「淡然無求」的行者，連神都恭敬他，連一切生靈都恭敬他，這是聖者。

我看「光氣」：

白光——是清淨光。

紅光——是佈施光。

藍光——是持戒光。

黃光——是福報光。

由「光氣」，便可分別種種的人，這就是「分別智」。

我說：

「一個人要對自己的相貌負責。你的業，都在相貌上。」（生而相貌惡，是過去世的業）

用「加持」治病

二〇二四年一月十三日，我（盧師尊）在法座上。

我念咒（六丁六甲咒）。

用九字真言「臨、兵、鬥、者、皆、陣、列、在、前」。

手掌運氣。

加持眾生。

（網路直播）

這時，手掌心射出光芒萬丈的金光，金光騰騰，彌天蓋地。

手掌振盪不能自主，發出了法力，法力是一個網，縱橫交錯。

手掌發燙，熱如紅光燃燒，通天徹地，紅光萬丈，瑞氣千條。

我又劃四縱五橫，九字真言之印，印向普羅大眾。

劃一線唸一個字，九條線就是九個字。這就是九字真言。

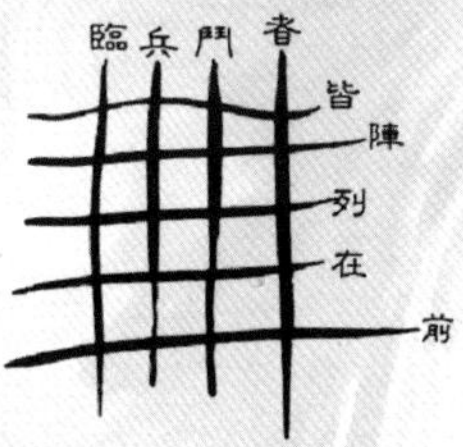

我心中默默祈禱：

「我蓮生，以傳承之力，本尊之力，護法之力，這三力合一加持，有病治病，無病強身，唵唵如律令。」

再發出：

「溫……溫……溫……。」的聲音。

我說：

「我這加持，無時間、空間的限制，有緣的眾生，在網路直播中，觀想自己受加持，能產生奇蹟。」

一時，大家錄下這一段「直播」，可以次次受到加持。

果然，奇蹟出現。

其一：

馬來西亞，蓮花達智說：

二〇二二年五月九日，我打了第四支pfizer新冠病毒防疫針。

（左大腿出現小紅色的斑）

二〇二三年十二月一日，變成手掌般大的紅斑。

二〇二四年一月十三日，盧師尊在網路加持，說加持沒有時間空間限制。

我每天三次，開放錄影加持，對著紅斑。

二〇二四年二月十八日。

二年的紅斑消失，恢復白色嫩嫩的皮膚，一切正常。

這印證了盧師尊的法力超強，盧師尊絕無妄語。

真的好用，信心滿滿。

其二：

加拿大，蓮花思思說：

二〇二四年二月，身體檢查，發現乳癌二期。

傳聞盧師尊網路加持。
我每日錄影加持一次。
半個月後，回醫院再檢查。
癌症竟然不見。
醫師莫名其妙。
我自己感覺到很慶幸，有盧師尊的加持真好。
癌竟然不見了！
特具函感謝。

我（盧師尊）告訴大家。
這樣的來信，如雪片飛來，感應的人非常多。
我這裡只列出二封信。
我盧師尊說：
「人有誠心，佛有感應。」（金句）
「我無他，我已本尊相應，我能與本尊合一，我即是本尊，本尊能做到的，

我亦能。」（金句）

我有加持力。

我有本尊法力。

我有祈禱能力。

我有三摩地力。

我有禪定力。

只要精神統一，一心不亂，力量就能產生出來了。

有時，

一拍背。

一吹氣。

看你一眼。

一摩頂。

病就能消杳無形。

我成了「天醫」，我的心中想的，就是要「解除世人的病苦」。

但，

有一件事不得不告訴大家，有些人業障深重，沒有懺悔，又業上加業。

這些人得業障病。

須要先學佛法，修法除業障，如果重業不消除，要除病苦，也很難。

我又說：

佛陀的教導，並不是純粹的健康問題，不是單純的「除病苦」，最重要的教義是「禪定」、「智慧」，得到「解脫」的終極境界。

人老時，會退化。

一切均會衰敗。

這時，你是否已得到解脫的正覺？

「盧音」看見佛菩薩

「盧音」，一歲半。
是「彥迪」與「佛青」的女兒。
也就是我的小外孫女。出生時，我取名字，就叫「盧音」。
英文名字「愛麗」。
她長得活潑可愛，眼睛大大的，很會笑。我們都被她迷的團團轉。
「盧音」八月十八日出生，二〇二二年。
有一天。
二〇二四年五月一日，她來外公外婆家玩，她驀然間，說：
「很多很多佛菩薩！」
又大聲喊：
「很多很多佛菩薩！」
大家問：

「在那裡？」

盧音說：

「就在那裡！」

大家望過去，那裡空空如也，根本什麼也沒有。

盧音要離開「南山雅舍」的時候，對著佛菩薩揮手。說：

「再見！佛菩薩。」

盧音到了「真佛密苑」。

她看到：

「觀世音菩薩！」

眾人問：

「在那裡？」

盧音答：

「就在那裡。」

眾人照樣看不見！

臨走時。
盧音同觀世音菩薩說：
「再見！」

盧音是「混血兒」，很漂亮。
「彥迪」跟她說英文。
「佛青」教她中文。
一歲半就很會講話，她說話，比一般小孩，快了一年。
盧音看見佛菩薩是真的嗎？
我說：
「真的！」
一歲半的盧音，直話直說，她根本不懂得說謊。
又：說謊也沒有什麼意義。
她是純潔，一絲不染的心，她的一心，使她看見佛菩薩。
（聽說很多小孩兒，都能看見無形，因為小孩兒單純，直心，未受污染，

故可以看見）

我說：

「盧音看見佛菩薩，是平常事！」

無啥！

釋迦牟尼佛說：

「精神統一，無事不辦！」

老子說：

「人能守一，萬事畢！」

阿彌陀佛說：

「一心不亂念佛，就可以到西方淨土。」

行者要得天眼，唯有一心。

我說：

「行者修一切法，明一切義，最終得一心。即是不二法門的成就。」（金句）

輪迴因果與無常

有人說：
「我不信輪迴？」
我說：
「春夏秋冬就是輪迴。」
那人說：
「我不信因果？」
我說：
「種豆得豆，種瓜得瓜，就是因果。」
那人又說：
「我不信無常？」
我說：
「喜怒哀樂就是無常。你心中每天的覺受就是無常。」

這位先生，更深入的問我：

那人問：

「如何證明有過去世？」

我答：

「你現在的相貌，就是過去世帶來的，你現在的貧富，就是過去世帶來的。」

那人問：

「這是因果嗎？」

我答：

「是。」

那人問：

「無常也是因果嗎？」

我答：

「是。」

那人問：

「這是什麼力量，才會有輪迴因果與無常？」

我答：
「業力。」
那人問：
「業力是什麼？」
我答：
「自作自受。」
那人問：
「仍然不是很明白這個『業』字。」
我答：
「業是不可思議的。必須學習佛法，才能證明。」
我對那位先生說：
有人問佛陀：
「人身是何？」
佛陀答：
「蟲窟。」（金句）

人問：

「那人生是什麼？」

佛陀答：

「酬業。」（金句）

我說：

釋迦牟尼佛的回答，簡潔有力，直話直說，一言中的。

我深深的感受到，「業」的不可思議。

所謂：

菩薩畏「因」。

眾生畏「果」。

其實還是「業」的可畏。所以人要造「善業」，不可造「惡業」。可以避免，輪迴三惡道，凶惡的果，還有不好的無常。

那人問：

「什麼是不生不滅？」

我答：

「惡業不生，善業不滅。」（這也算金句吧！）

如何「意清淨」？

學密教的人，都知道「三業清淨」，三業清淨就是：

身清淨。

口清淨。

意清淨。

在密教修法上，身清淨以「身印、手印」來行法。在口清淨以「持咒」來行法。在意清淨以「觀想」來行法。

密教的最終是「三摩地」。

有人問我：

「我妄念太多，雜想不斷，如何意清淨？」

多數人都有這個問題。

人問：

「如何消除雜念？」

我答：

「息動心念就動，很難去止心念，唯有用調氣息著手，學習一心，念頭才能止，止就是意念清淨。」

修「九節佛風」。

修「金剛誦」。

修「寶瓶氣」。

我說：「九節佛風可使念頭專一，修寶瓶氣的止息，念頭不生就能止。」

每當心馳於外境，隨即閉氣止息，收視返聽，就把雜念斷掉，回到一念而已。

利用持氣法，心念與本尊互相融入，就可以入三摩地也。

我告訴大家：

「這些是口訣、心要，就是金句。」

我比喻：

一心就是海。

雜念就是波浪。

風一止。
浪就是歸於海。
（重要金句）
維摩詰大士對我說：
「你能將心融入虛空，如一滴水融入大海，就能顯現無數的分身。」
這是：
心念滅盡。
意如琉璃。
能取。
能執。
泯歸清淨。
有人找到我問：
「雜念紛飛，如何收拾？」
我說：
「修呼吸法？」

人問：

「什麼呼吸法？」

我答：

「九節佛風呼吸法，只將念頭在息入息出，忽左忽右忽中，重重複複，一次又一次念頭隨息出出入入，雜念就不會紛飛。」

這是守一。

修到任何事，都能守一。

什麼事情都可以成就。

意清淨第一重要，只要意清淨做到了，口清淨、身清淨，均能完成。

世俗的成就，也須守一。

靈性的成就，也須守一。

內外保持平衡，心行一致，就能夠自覺覺他，覺行圓滿。

善哉！

業鬼轉移

我明白「業」的不可思議！

昔日。

多聞第一的阿難尊者，對佛陀說：

「我已明白業。」

佛陀看了看他，說：

「你還早呢！」

阿難尊者摸摸鼻子，羞愧的走了！

同門看了，哈哈大笑！

我最近有一件事，不得不說。

故事是這樣的：

有位門下弟子「蓮花志誠」來我處。

他說：

「最近不知如何，肚子很奇怪，腸胃有問題，不是腹瀉，就是便祕。早上便祕，下午腹瀉，循環來循環去。」

他說：

「尋醫、吃藥，用盡方法，全無效。現在只能求盧師尊。」

我說：

「我給你拍背！」

他轉過身。

我請「瑤池金母」作主，揮掌拍背。

「拍……拍……拍……。」

我看見一位「業鬼」從蓮花志誠身上，跌了出來。

我說：

「好了！」

蓮花志誠回去，果然好了，腸胃完全正常，不再犯了！

但，

我（盧師尊）有一天吃飯，「業鬼」，趁我不注意，混入湯中，我喝湯，把「業鬼」吃到我的胃腸中。

從那天起，腸胃不適，噁心想吐，也是一樣，早上便祕，下午腹瀉，循環來，循環去。我也看醫生，吃藥。（無效）

有一晚，我忍不住了，要腹瀉，我拿了「摩利支天」的權杖，猛打我的肚子，肚子「碰碰碰碰碰」的響。

最後，把「業鬼」從我身上打了出來。

我問：

「為何跑到我身上？」

業鬼答：

「因您把我趕出，我只有跑到您身上。」

我問：

「是業的轉移？」

業鬼答：

「我是討債鬼，他沒還夠。您救他，當然您要還。」

最後，我只有把「業鬼」超度了事。

我發覺「替代」也是真的，而不只是「怨有頭，債有主」。

由此證明：「業真的不可思議！」

業的成立，果然錯綜複雜，也有無緣無故被牽連著。（前世之業，今世來報）

我發現：

業力如「紡織機」。

這條線牽來牽去，那條線牽東牽西，太複雜了。

這等於是拼圖。（善非純善，惡非純惡）

又如中獎。

怪不得「業是不可思議的難思議，牽扯太多之故！」（金句）

活佛的祕境——專訪盧師尊（一）

問：（佩君師姐問）

「請問盧師尊，您什麼時候開始發現，自己喜歡寫文章？」

答：（盧師尊答）

「小學時，有一本《學友雜誌》徵稿，我投稿被刊登出來。一時，老師在班上，告訴同學，於是轟動全校。所以，我就喜歡上寫文章。」

問：

「請問盧師尊，對寫作的堅持，是為什麼？」

答：

「每天寫作，成了日常功課，我總覺得這是一件有意義的事。尤其在弘揚佛法方面，這也是一種文字佈施。」

問：

「您曾經想過自己會寫多少本書嗎？」

答：

「我只是每天寫一篇，活一天，寫作一篇。未曾想過會寫多少本書，反正，多少本書，只是一個數字。」

問：

「每天寫作不是一般人有的經歷，您可以告訴我們，每天寫作的當下，是一種什麼樣的心境與狀態呢？」

答：

「童子軍要日行一善。我每天日行一篇文章，文章對眾生有利益，這也是善行，這是我的日行一善。」

問：

「寫一本書之前，您如何確認自己這一本書的主題呢？」

答：

「我的本尊會給我靈感，我的本尊會告訴我，這個主題，對眾生有益，因此，我的序文中會寫：開卷有益。」

問：

「您曾經在書上寫著：『此生許多事，都是被迫不得不做，唯有寫作是發自內心自願去做的事』，請問您曾有過無論如何也寫不出來，想放棄寫作的時刻嗎？」

答：

「寫不出來，很少有。因為天地間，全是文章，文章中自有天地。我對寫作持之有恆，毅力十足，如同吃飯、睡覺。我說：寫到不能寫，才會停止。」

問：

「您認為，修行對您的寫作有何影響？」

答：

「修行就是寫作，寫作就是修行。二者是一，一就是一。在下筆的時候，精神是專一的，只有一，靈感源源不絕。……」

我寫詩：
八十歲
仍然是每一天
下筆時
觸破大千
這一世就是如此伏案
雖是如此
成就金仙
借我生花之妙筆
縱橫娑婆
橫行這一世
就憑寫作
耕耘心田

活佛的祕境——專訪盧師尊（二）

問：

「請問盧師尊，聽說您每天都是滿檔的工作，聽說疫情開始直到現在，每天半夜在最想睡覺的時間，為亡靈超度。

您生日有放假嗎？這麼忙，您快樂嗎？」

答：

「我修超度法，一年三百六十五天，一日一修，從來未曾間斷。

生日也不放假。

（我若放假，等待超度的亡靈怎辦？）

我這樣修法很快樂，因為亡靈被度化到佛國淨土。

我的生命最有意義！我的快樂就是救度眾生到彼岸。」

問：

「請問盧師尊，您在很多人的認知是『無所不能』，主要是因為您示現過很多救度的奇蹟。

關於您示現神蹟的傳說非常多，也有使您受批評，請問您自己對這些批評（神蹟）有什麼看法？」

答：

「我修行融入本尊，自有本尊法力。修行融入虛空，自生虛空之力。這是神通自然的顯現，非求而來，是很自然的事。

神足通。

他心通。

宿命通。

天眼通。

天耳通。

甚至漏盡通。

這些是自然而然出現的神蹟，非我修習而來，而是自來也！

他人的批評或批判或誹謗，那是他人的事，我從來不理會。

我的行事，只要是善的，利益眾生的，就精進去做。

毫無怨尤。

他人的批評，我沒有放在心中，批判或誹謗亦然。

有過我會改。

無過心安理得。

我會謝謝大家的指正，感謝再感謝！我已學會對每一個眾生（佛）的敬重。」

問：

「請問盧師尊，您是：

舍利弗的轉世、

畢瓦巴的轉世、

空海大師的轉世、

西夏王朝仁宗的轉世、

宗喀巴的轉世、

六祖慧能等等等等。

關於盧師尊的轉世說法很多……………，也曾經被您的上師認可。

請問盧師尊，您自己怎麼看待這些轉世？」

答：

「轉世都已過去了，過去的已雲消煙散。

當然目前的盧師尊，才是最重要的。所以說『活在當下』，我也知道，當下的盧師尊也會變成過去。

未來的尚未到。

所以說：

過去的，不可得！

現在的，不可得！

未來的，不可得！

這就是無所得，頓斷煩惱。

我也常常想，過去世的大聖大賢，我現在的盧師尊實在微不足道。

高山仰止。

須要更加精進。」

問：

「盧師尊！您曾說人間病苦是第一苦，您在六年閉關中，經歷腦分八瓣半死狀態，其苦讓聽聞者不忍，您被蚊子咬得無法睡，被紅螞蟻咬得全身紅腫，甚至憂鬱，發高燒，一心只想解脫。

您當時如何在這種九死一生的狀態下度過，依憑是什麼樣的力量及方法？因為我們到了重病及瀕死之際，叫天天不應，叫地地不靈，這時要如何能像師尊這樣走過而依然心不亂？」

答：

「我盧師尊當然知道，我是來利益眾生的，法輪尚未轉完，怎可一走了之。所以我去尋找藥師佛，在韓國慶州，我看見了藥師佛，日光月光菩薩，藥王藥上菩薩，十二藥叉神將。

我自知，病會痊癒。

我一向信心堅定，從瑤池金母開天眼，我剩下一心。

我說：

活一天，感恩一天。

活一天，快樂一天。

活一天，修法一天。

（這是我的金句）

我是依靠『信力』過了重重的難關。」

問：

「現在的社會可說是百無禁忌，有人說，網路時代，每個人的一生都有成名十五分鐘的機會，現代人的觀念都鼓勵我們要勇於表達。

而盧師尊常常教導弟子，要安忍。

話語權與傳法裡的忍辱如何調合？在面對別人的不合理說法或對待，在佛法的觀點，都要忍辱嗎？」

答：

「現代的社會，千奇百怪，什麼樣的人都有，佛法有八萬四千法門，依每一個人的根器，一一給于度法。

佛法的度化，也是不得少於善根的。

我們注重：

惡念不生。
善念不滅。
對於惡意的、不友善的、不合理的，我們是修忍辱波羅蜜。
忍辱是波婆羅蜜之一。
最高的境界是『無生法忍』。
證得『無生法忍』就不會退道心了！
這世界是幻化出來的。
萬花筒一般。
也唯有『忍辱』才能到達彼岸！」
問：
「請問盧師尊，您每日寫作、畫畫、修行，有沒有想休息偷懶一下？」
答：
「我如同你所問：
每天寫一篇文章。
每天畫一幅畫。

每天修『千艘法船』超度法。

我現在已無法不修『千艘法船』超度法了，為什麼？因為幽冥眾已習慣，祂們等在那裡，你一日不修，祂們何處去，把我吵翻了天。

如果有一天不寫作，我就覺得白白的浪費了一天，每一天都是有意義的一天，一天不寫，心中難過的要命。

畫畫也是如此。

這是責任感，每一天都要留一些東西，給世人。

不敢休息。

不敢偷懶。

不敢浪費。

也許這就是工作狂吧！」

問：

「請問盧師尊，您從神算揚名國際到修行成為活佛以來，應該算過無數人的命，也救人無數，您今年八十歲，可以教導我們平凡的眾生有什麼智慧可以面對苦、空、無常，平安的過這一生嗎？」

答：

「佛有四法印，即是：

諸行無常。

諸法無我。

涅槃寂靜。

一實相印。

佛陀也說：苦是真諦。

所以苦、空、無常根本就是真理，沒有人可以逃避苦、空、無常。

認真的說，快樂往往也是苦因。

人活在世上，本來就是來『酬業』的，業力令人『苦、空、無常』。

至於如何平安的度過這一生？

只有觀破！

也即是：

看破。

放下。

自在。

要知道人生只是一場夢幻，夢幻有一個偈：

一切有為法。

如夢幻泡影。

如露亦如電。

應作如是觀。

我常常告訴大家：『一切都會過去的！』

也只有看破苦、空、無常。

放下煩惱執著。

才能平安自在。」（金句）

問：

「請問盧師尊，對於沒有皈依任何法脈教派的人，他覺得自己這一陣子真的是諸事不順，想要尋求一個改變機運的方法，如果今天他來請教您，您會用什麼樣的教法來教導他呢？」

答：

「曾經有位諸事不順的人，去問一位聖者。

問：

最近一直諸事不順，如何改變？

聖者答：

您最近有淨心嗎？

（聖者是問，身清淨沒？口清淨沒？意念清淨沒？）

我盧師尊的回答是：

去佈施！救災救貧困。

印善書。

若是有信仰的：

誦《真佛經》。

誦《高王經》。

（以經力去改運。）

印善書力量大，例如：《玉曆寶鈔》、《文昌帝君勸世文》等等。

持咒靠咒力。

禪定靠定力。

做善事，救濟貧困，是善力。
向本尊祈禱，本尊力。
印經書，是經力。
修法靠法力。（息、增、懷、誅）
……………。」

為「專訪」寫幾首小詩：

日落時分好清閒
卻逢專訪橫在前
你問我答憑經歷
八九不離十相連

蓮生原是煙霞客
為度眾生表心田
所問亦是人生事
所答所問謹慎填

聲名近期運亦隆
但與修行不相逢
行者當居山林裡
娑婆世界隨順從

我說的對嗎？
仁人君子指正，
善哉！

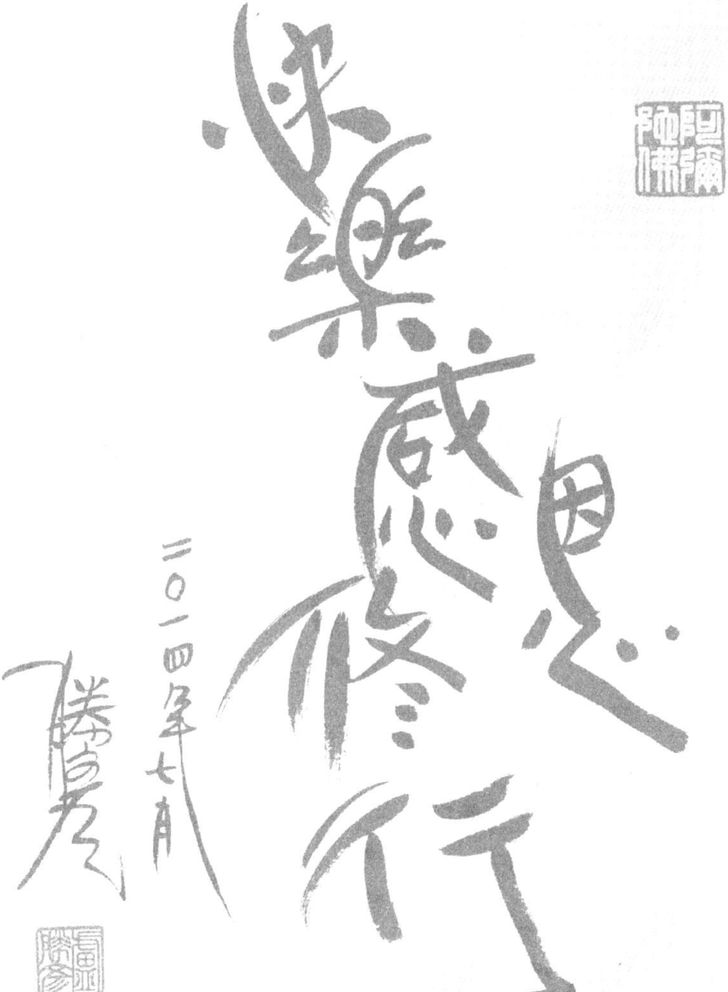
快樂感恩修行
二〇一四年七月
勝彥

三光加被

我們密教修法中有三光加被：

額頭是白光。

喉嚨是紅光。

心際是藍光。

本尊以光明周遍虛空法界。祂射出三光加被行者。

白光可洗去焦慮，解除「貪心」的苦，獲得內在的平靜。

紅光可淨化血液消除「瞋苦」，增加福報，完成行者的誓願。

藍光可以除去身心所造的惡業，除去「病苦」，增長覺智，增強正向的能量。

原來，

白、紅、藍三光，是消除貪、瞋、痴。增長戒、定、慧的。

（金句）

我告訴大家：

我們修法時，藉由正確的禪定（體位法）正確的「呼吸法」。由「三光加被」，增長穩定觀想，妄念止息，到了身心平衡的境界，可感知更深的存在。

「三光加被」是與本尊合而為一，外在的儀式和內在的專一，最重要的一個關鍵法。

最後達成：

宮殿。（殊勝）

淨土。（莊嚴）

本尊。（微妙）

所以，密教「三光加被」是一種奇妙的智慧。

本尊是我，我是本尊。無二無別。

本尊說：

「眾等請仔細聽！若要進入三摩地，就當用心習此三光加被之理。若要延壽、求財富、得安樂，就當習此三光加被淨心的實修。若要解脫無明，滌除自身與六道眾生之苦，就當三光加被時，將三光迴給眾生。若要受人尊敬，成為領袖，亦然如是。」

（金句）

這小小「三光加被」竟然是：

延壽長生。

離苦得樂。

甘露法水。

入三摩地。

成就一切。

其實小小的「三光加被」，就有大大的祕密。意味著只給有智慧的人應用，有些沒有智慧的人，只是聽聽而已！

本尊顯現時，

祂是白亮的身，內外明澈的虛空。

有時是亮麗的彩虹。

祂說出無邊的智慧言語。

充滿了對眾生的愛。

祂在蓮花座上。

開示時候，口中會撒下連串的火花。

左手持蓮印。

右手說法印。

祂的三光加被，光是綿綿長長的。

本尊與盧師尊，彼此合而為一，於是化現最新的形象，不只是活力而且有神奇變化的法力。

如是。

淨土出現。

老與病

我在《華嚴經》中，讀到一句金句：

「菩薩初學菩提，當知病為最大障礙。若知眾生，身有疾病，心則不安。豈能修習諸波羅蜜。是故菩薩，修菩提時，先應療治身所有疾。」

我常常說：

「老病相纏！」

我（盧師尊）年輕時，不知「病」為何物？

後來：

六十歲——血壓向上。

七十歲——偶而遺忘。

八十歲——搖搖晃晃。

這「搖搖晃晃」指的是走路的狀況。還有很多疾病之鬼，對你虎視著，隨時會出狀況。

除了「血壓高」。又有「膽固醇」。另有「脂肪酸」、「血糖」。
另外：
脛椎。骨椎。腰椎。骨刺。
全身的神經痛。
器官的老化。
……………。
我在七十九歲那一年，遭逢了「體重急降」、「腳氣腫」、「蛋白尿」、「高血鉀」……………。
唉！
不說了！就因為專科醫師的「換藥」，使我那一年，很不好過。
「一個行者，病是一個大障礙。身不安，心如何安？」
後來，
八十歲，也就漸漸的穩定下來！
我終於明白：
「老病的苦。」

現在我經過了歷練，明白了，為什麼「病從口入」？
我這裡有二個金句。
「有了健康的飲食，不用吃藥。」
「沒有健康的飲食，也不用吃藥。」
前一句，大家都懂。
後面那一句，很多人不明白？
因為你光吃藥，但沒有健康的飲食，吃藥也沒有效。
身子的健康，得要「健康的飲食」，這才是最重要。
（金句）
「年輕時，你踐踏身體。老了時，身體踐踏你。」
（金句）
「你吃什麼？你就變成什麼人！」
（金句）
另有一句金句，非常的令我震撼！
「上主賜給人類最佳的禮物，就是植物。」

食——植物為主。
衣——植物織成。
住——植物建造。
行——植物裝備。
連我們吃的中西醫藥，大部份是植物淬取合成。
人類生存的「空氣」，是植物（光合作用）的新鮮產物。
人類濫砍植物，其實是一種禍害。
我們應該好好去體會植物的重要性，去珍惜它。
好好體會植物的心。

天堂與地獄

有人問我：

「有天堂地獄嗎？」

我答：

「有。」

我解釋：

「你感覺很快樂，那就是天堂。你感覺很痛苦，那就是地獄。」

我說：

「在醫院裡的病人，病苦不堪，醫院就是地獄。在遊樂園的快樂遊戲，遊樂園就是天堂。」（這是比喻。）

至於去天堂去地獄，我如此理解：

做適當的行為，去天堂。

做不當的行為，下地獄。

事情有「可取」與「不可取」。
善的行為，有善果。
惡的行為，有惡果。
天堂與地獄就是依「善惡」來分別的。
天堂當然有很多的喜樂。
地獄當然承受難忍的苦。
天堂與地獄是相對的觀念，有時只在一念之間。
人問：
「有實際的天堂地獄嗎？」
我反問他：
「有人間嗎？天堂地獄亦若是。」
人說：
「人間是幻化。」
我說：
「天堂地獄亦如是。」

天堂不是只有一層，而是有若干層，有欲界天、有色界天、有無色界天。

地獄當然不只是一層，也有若干層，如八熱地獄、八寒地獄，又有無間地獄。

附屬的地獄亦很多。

如近邊地獄：

沙漠。

曠野。

海濱。

山巒。

有許多「近邊地獄」。

到天堂地獄，是每一個生靈自己招來的因果業報，完全是自己的造化，這些全跟自己的「業」有關。

我們在人間的行為分：

日常行。

特定行。

揀擇行。

日常行指吃飯睡覺等等。

特定行指出差、旅行、休閒、任務等等。

揀擇行指突然間發生的事，你必須選擇應該做或不應該做。

例如：

殺生。

偷盜。

邪淫。

妄語。

喝酒。

這些是要避免的，因為都是惡業。

又：佈施、精進、忍辱、持戒、禪定、智慧，這些都是善業。去當志工、勸募善款、印善書、經典、學佛、靜坐⋯⋯。

天堂地獄在一心。

善惡也是一心。

無上正等正覺

「無上正等正覺」這個名詞，是佛教最高無上的覺悟。

我的弟子對「無上正等正覺」有很多的見解，但，不一定一樣。

我與弟子們對答如下：

甲說：

「真理就是無上正等正覺。」

我說：

「很好！」

乙說：

「身口意清淨就是無上正等正覺。」

我說：

「很好！」

丙說：

「平等一如就是無上正等正覺。」
我說：
「很好！」
丁說：
「不執著一切，就是無上正等正覺。」
我說：
「很好！」
戊說：
「解脫，就是無上正等正覺。」
我說：
「很好！」
己說：
「空就是無上正等正覺。」
我說：
「很好！」

庚說：
「佛性就是無上正等正覺。」
我說：
「很好！」
申說：
「法爾本然就是無上正等正覺。」
我說：
「很好！」
壬說：
「至上意識就是無上正等正覺。」
我說：
「很好！」
辰說：
「一切本來現成就是無上正等正覺。」
我說：
「很好！」

於是大家追著我問：「盧師尊的無上正等正覺是什麼？」
我轉身就跑。
大家追。
由於我（盧師尊）八十歲了，跑起來不快，很快被追上了。
眾人喊：「無上正等正覺是什麼？」
我啞口無言。
我學文殊杜口、維摩詰一默，因為開口即「非」。
但，大家不管，要我一定要回答。
我只好說：
「無所得！」
「無干涉！」
「無所謂！」
我最後說：
「外顯大樂，內藏光明，而真實義是第一義空。」
我承認，我講的是「廢話」。（有講等於沒講）

「同體心」的覺悟

我的上主告訴我：

「你已經到了一個很高的境界。」

我問：

「是什麼境界？」

上主說：

「同體心。」

我反觀自己，幾乎是的。在我的內心世界，我已體會到他人的苦，我漸漸的產生對所有的人的大慈悲心。

所以我說：

我不會告人（官司），因為我若訴訟，對方一定會痛苦，我也會辛苦。

（我不願雙方都苦）

再來：

我不怨恨人，因為怨恨他人，我自己受折磨，他人也一樣受折磨。

（我不願雙方都苦）

這人間其實都是苦的，我對所有的人的苦，心存慈悲與愛。

他人苦。

我心苦。

看到世間人類遭受戰爭之苦，遭受瘟疫之苦。地震、水災、火災、風災、飢荒……。

我流淚。

（我用千艘法船超度）

不只是對人，所有的生靈我都超度。

我體會到因緣果報，對醫院「加護病房」的病苦之人，我寄于最大的愛護，我能守護的，盡力去守護。

（我有分身）

我盡我一己之力，做到：

無緣大慈。

同體大悲。

我成立「盧勝彥佈施基金會」就是為了純粹的佈施。
我願意處於黑暗中，與最困苦的人在一起，我須要幫助他人。
身不傷害他人。
口不傷害他人。
意不傷害他人。
（他人包括了所有的生靈）（金句）
我願：
財施。
法施。
無畏施。（生命時間全部奉獻）
我體會到佛陀禮拜枯骨的真諦。
弟子問：
「為何拜枯骨？」
佛陀答：
「他可能是我過去世的父母。」

單單這句話，令我震撼！

（這世界上的生靈，都可能是自己過去世的父母兄弟姐妹）

我有一種四海之內，都是父母兄弟姐妹的情誼。（包括怨恨我的敵人）

漸漸的。…………

我的心寬大無邊。

我與虛空合一。

分身到處去救人、救生靈。

我已經沒有自己了，凡事不為自己想，凡事為他人想。

自己為他人想，就是幸福。

自己愛眾生，是大愛。

同體心，就是平等無二。

還有比「同體心」更高的覺悟

我問上主：

「還有比同體心更高的境界嗎？」

上主答：

「有。」

我問：

「那是什麼？」

上主答：

「當一切無有其他存在的時候。」

我問：

「沒有其他存在是什麼？」

上主答：

「本覺。」

我問：

「本覺是什麼？」
上主答：
「佛性、真性、真如本性、至上意識、真我。」
我說：
「盧師尊想了悟本覺？」
上主說：
「仔細聽，無在而無不在，非有為，非無為。在萬有之上，又在萬法之中，是諸法的本源，是解脫的根據。」
我說：
「請再說明？」
上主說：
「非有相、非無相、同真際、等法性。」
我說：
「很難理解！」
上主說：
「文字、言語均無法解釋。」

我說：
「妙不可言，不可說。」

所謂境界，也就是不名為境界。
這是「無二」的。
絕對的。
我們稱之為「真如實相」、「一實之理」、「如是如是」。
行者悟入了！
就是：
文殊菩薩無言。
維摩詰杜口。
在《維摩詰經》中，維摩詰問文殊菩薩：
「究竟是什麼？什麼是不二？」
文殊菩薩答：
「對一切法都不妄加言說，不妄加分別，甚至遠離一切問答。」

文殊菩薩反問維摩詰：

「您老也說說吧！」

維摩詰聽了文殊之問，卻默不出聲。

文殊感嘆的說：

「善哉！善哉！直至放棄一切語言文字，連不可說也不說，這才是的。」

我寫一首詩：

落日夕陽紅，
映照雷藏寺；
開車回家去，
放下諸法務。
沿途暗濛濛，
紅燈就停住；
綠燈再馳騁，
終到幽寂處。

（到家了，一天又過去了！）

八十歲的感想

我們先看一下，「蓮訶上師」寫給「盧師尊」的一封信。

最最敬愛的師佛，佛安！

愚弟子蓮訶一心頂禮，並以身口意供養師佛！

師佛的八十大壽生日即將來臨了，弟子首先祝願師佛生日快樂！天天快樂，健康長壽，體魄強健如大地，心情愉悅如春風，弘法度眾如大日，請佛住世如恆星。

師佛的八十大壽及三百文集的完成，是真佛宗派最大的喜事，是具有歷史意義的里程碑，所以我們稱為『聖壽跨八十　文集越三百雙喜大慶』，而弟子明天就要從巴西飛西雅圖了，正是要提前抵達以籌辦這場大型慶典。

其實慶典的籌備工作很早前就開始了，由宗委會、彩虹雷藏寺、西雅圖雷藏寺聯合舉辦，我們大家一起用心商量場地的新穎佈置、乃至護摩殿、餐廳的特別佈置、音響系統、直播系統、LED系統、祝賀禮物、節目形式、乃至生日蛋糕都與以往不同，這樣才彰顯出這雙喜大慶的不同之處，才能給師佛和大眾帶來不一樣的驚喜。

十年前，弟子在彩雷策劃和主持了師佛的七十仙壽慶生會。在節目的最後，弟子深情地説，願意十年後再為師佛主持八十大壽慶生會！結果十年後的師佛生日剛剛好是星期天，慶典就在彩雷舉行，真的是太巧合了！

弟子祈請師佛默運神通，大力加持慶典各項準備工作都能順利達成，當日氣候適宜，慶典的每項活動都能順利圓滿，整場『聖壽跨八十 文集越三百雙喜大慶』圓滿成功，人天歡喜，給師佛和大家都留下永恆、美好的記憶。

敬愛的師佛，在推動慶典工作的同時，真佛教育事業也在不斷騰飛，今天的『真佛網路大學』課程『生命禮儀課』在師佛的加持下非常火爆，入群學習的學員人數已經超過一千二百人，由蓮飛上師、蓮悦上師、舞自在老師聯合授課，大家踴躍提問，氣氛極為熱烈，反響很好，都覺得這是一門非常接地氣、非常實用的課程。『法學堂』給真佛宗派新一批弘法人員的培訓也在進展中。下半年還會有實體課、上師進修班、通識課程等一一進行，祈請師佛加持真佛教育事業不斷騰飛，令大眾受益和進步。

敬愛的師佛，雖然菩提事業的工作繁重，但是弟子依然保持著兩種精進：修持的精進和運動的精進。

在修法上，弟子每日恆持四座法，依照師佛的指示，加強了氣通中脈和拙火的修持，現階段拙火的覺受很好，熱與光很快出現，下盤似乎化為火蓮花，心輪、眉心輪都能發出光明。弟子再默念師尊心咒，感覺自身化為師尊安住在火蓮花之上，最後融入空性光明之中。那時的體悟是：妙有＝真空，色＝空，用一個數學方程式來表示就是：1＝0.

所以弟子現在深深領悟了，為什麼達摩祖師問師佛：『什麼是空？』

師佛答：『有。』

祖師問：『什麼是有？』

師佛答：『空。』

弟子在禪定中體悟到，師佛的回答就是對空有的最佳、最深、最妙的回覆。這是實修的大成就者才能給出的答案。

弟子再一次祝福師佛八十大壽佛誕快樂！祝師佛日吉祥、夜吉祥、日夜六時恆吉祥！願師佛長壽自在，長住世間，恆轉法輪，請佛住世！也請師佛加持弟子身體健康，修行成就，菩提圓滿，生生世世都能與師佛相見、相伴，生生世世都能聆聽到師佛的法教，並把師佛的法教弘揚久遠於世間。

頂禮感恩師佛的加持！

愚弟子蓮訶拜上

二〇二四年五月二十八日巴西聖保羅

（盧師尊註：總是覺得，為了我的生日，如此勞師動眾，實在不好意思！我要向弟子們感恩。因為這一生，弟子們給我太多，我須知恩回報，謝謝！）

八十歲的感想（詩）

其一：

我身之四大
已用八十年
如今可拋棄
沒什麼可憐

其二：

四大動與靜
與我無干涉
只須一放下
自在不奇特

其三：

老病即是業
隨緣也隨順
自然就是道
此身向誰借

其四：

弟子隨我行
走過山與河
要學飛昇去
俗世不奈何

其五：

我法不孤立
說來唯一眞
參學要精進
諸佛現全身

其六：

全是夢幻花
本來無生死
大睡我已醒
如今能自主

入「不二法門」

我講《維摩詰經》。

這部經的中心要旨竟然是「不二法門」，這是令一般行者料想不到的。像：

「煩惱是菩提」。

「生死即涅槃」。

「佛魔是一如」。

「出世即入世」。

「妙有是色空」。

這些都是真如實相，一實之理，如如平等，沒有分別。

因此，不可思議的菩薩，進入絕對平等的境界，獲得不可思議的解脫。

我們在此，聽聽大菩薩怎麼說「不二法門」：

法自在菩薩說：

「生滅原是二，但，諸法本不生，即無生，何有滅？所以明白不生不滅，就是不二法門。」（證無生法忍）

德守菩薩說：

「我與我的所有是二，但，悟到了我是無我，是幻有，是假有，既然沒有了我，當然沒有我的所有，這就是不二法門。」

不眴菩薩說：

「取與不取是二，但，悟到了一切都是無所得的。所以，無取無捨，無作無行，這就是不二法門。」

德頂菩薩說：

「清淨與垢染是二，但，悟到了清淨是空，垢染也是空。所以就無淨無垢，這就是不二法門。」

善宿菩薩說：

「心生就是動，心動則成念，如果心不生，無動也無念，這就是不二法門。」

善眼菩薩說：

「每一種東西都是有相的，有相與無相，相對而成二。如果悟到一切有相全是虛幻，就不會執著有相無相，這就是不二法門。」

妙臂菩薩說：

「菩薩心與聲聞心是二，但，心是不可覓的，即無菩薩心，也無聲聞心，這就是不二法門了。」

弗沙菩薩說：

「善與不善是二，如果悟了善與不善是妄心分別的結果，不思善、不思惡，善惡均空，就是不二法門。」

師子菩薩說：

「罪業與福報，是二。但悟者知道，罪業也是空，福報亦是空。二者本無差異，沒有被束縛者，沒有解脫者，就是不二法門。」

師子意菩薩說：

「有漏無漏是二。如果已得諸法，一切諸法平等，有漏無漏均是一，是入不二法門。」

淨解菩薩說：

「有為法、無為法是二。其實法如虛空，平等一味，是入不二法門。」

那羅延菩薩說：

「出世間，入世間是二。而世間的本質幻，亦等於出世間，這就入不二法門。」

善意菩薩說：

「生死涅槃是二。但，明白者知無生也無死，無生無死即涅槃。這就是不二法門。」

現見菩薩說：

「煩惱已盡與煩惱不盡是二。但，從究竟來說，煩惱是從心起，若心本空，二者本質無差別。這就是不二法門。」

普守菩薩說：

「我與無我是二，但，這個我，只是四大假合，原本就是無我，這樣就入了不二法門。」

電天菩薩說：

「明和無明是二，而無明的實性即是明，明亦不可取，無明更不可取，如此悟入，即不二法門。」

喜見菩薩說：

「色與色空是二，色的本性即是空，所以受、想、行、識也是這樣。另，識與識空也是二，但識的本性是空。受想行識互相關係，這就是入不二法門。」

明相菩薩說：

「虛空與地水火風是二，但四大皆空。出生從虛空來，滅從虛空滅，如此悟入，就是不二法門。」

妙意菩薩說：

「眼根與色塵是二，如果眼根不受色塵所染著、所煩憂、所迷惑，就是一。所以鼻根與香塵、舌根與味塵、耳根與聲塵、身根與觸塵、意根與法塵。六根六塵，根本是一，是不二法門。」

無盡意菩薩說：

「六度法中，布施與迴向是二，迴向是一切智性。布施、持戒、精進、忍辱、智慧、禪定，都是一切智，與迴向是相同，所以互相關係，就是不二法門。」

深慧菩薩說：

「空與無相無作，是二。但空就是無相、無作。如果了解空是無相、無作。就不會對心、意妄生分別，三種解脫，就是合一的解脫。」

寂根菩薩說：

「佛、法、僧三者皆二。但僧有佛法，佛即法，法即佛。深悟的人知道，佛、法、僧三者皆空。能悟入，是不二法門。也即是心、佛、眾生三無差別。」

心無礙菩薩說：

「色身與入滅是二，但，色身本來就有入滅的涅槃性，如果能通達色身的實相者，就知道色身與入滅是無二無別的，這就悟入了無二法門。」

上善菩薩說：

「身口意看來是分開的，這是三業。但，三者相連，也都是無造作相，身無造作相，口無造作相，連意也是無造作相，這也是一切法無造作相，這就悟入了不二法門。」

福田菩薩說：

「福之行，罪之行，本來是二。但，本性都是空，如此，無所謂福，也無所謂罪，如此觀察福、罪、不動，就是入不二法門。」

華嚴菩薩說：

「識與我是二，但，我的實相是空，無我自然無識，無有我，也無有識，這就是入不二法門。」

德藏菩薩說：

「有所得與無所得是二，但，事實上以為有所得亦然是無所得，例如人生，最終的，實無取捨，如此悟入，即不二法門。」

月上菩薩說：

「明與暗是二，如果無明無暗，就不是二。有人入滅盡定，定中無明無暗，一切平等，這就是入不二法門。」

寶印手菩薩說：

「喜歡涅槃與不喜歡世間是二。但，不樂涅槃，不厭離世間就沒有分別了。例如：有所縛，才有解脫，沒有被縛，當然不會有解脫。如此悟入，是不二法門。」

珠頂王菩薩說：

「正道與邪道是二，但，我們只要安住於正道。就根本沒有正道邪道之分，又，拋棄二者虛妄分別，就是入不二法門。」

樂實菩薩說：

「實與不實是二。但，所謂真實者，並不具有實性，我們知道一切都是虛幻不實的，真實如此，不真實更不用說。例如慧眼所見，是無所見，又無所不見，如果這樣去探究，就是悟入不二法門。」

❖

我看到諸菩薩所說，有一個感想：

這娑婆是虛幻。

眾生是虛幻。

一切有相皆是無相。

一切有作皆是無作。

一切縛也是一切解脫。

本來就是一切絕對，這全是不二法門。

在道家有言：

無極化太極，太極是陰陽，陰陽生萬物。最終的還是回到「無極」。

（無極是一實相印，即不二法門）

以數字來說：

〇是不二法門。

一是絕對。

二、三、四、五、六……………。全是虛妄。

我（盧師尊），學佛至此，我還是回到「同體心」。因為「同體心」才能有作用。

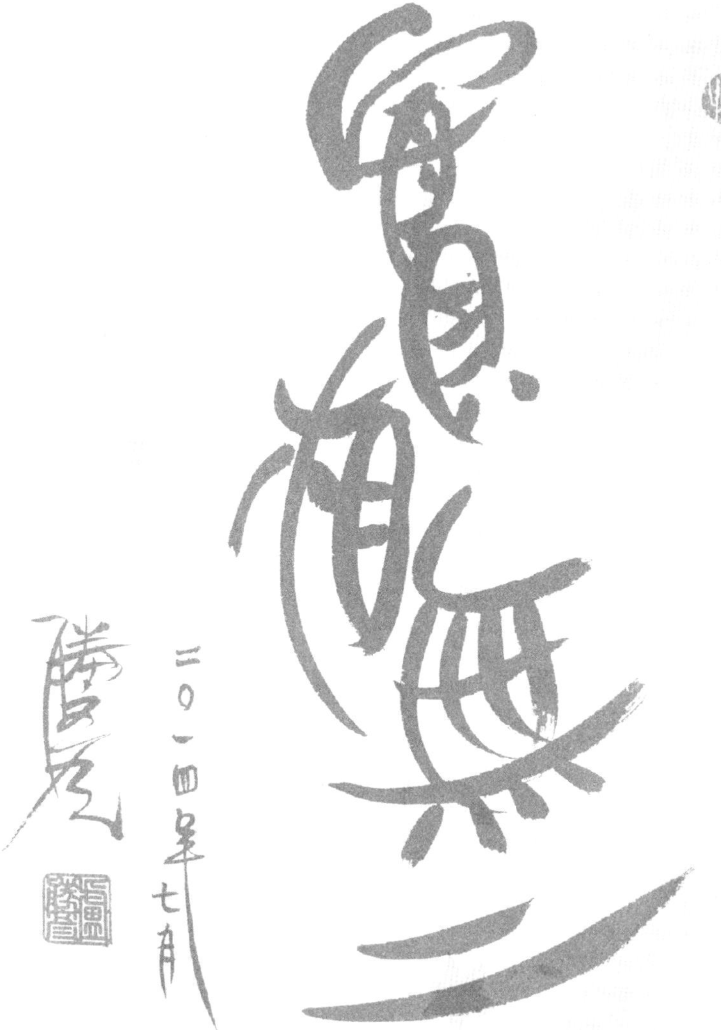
二〇一四年七月

請佛住世

這是「瑜瑜」寫的文章。

「瑜瑜」說：

祖廟的瑤池金母對「瑜瑜」說：「要好好的請盧師尊住世。」

又說：

「汝要請佛住世，汝要讓盧師尊在人間幸福快樂。」

後來那陣子，「請佛住世」這四個字，開始頻繁出現在生活中。

陳傳芳師姐，在我的臉書網頁上貼了盧師尊舊照片，上面也寫著：「請佛住世」。

台灣雷藏寺的佛菩薩，也叫我：「請佛住世」。

最關鍵的變化是：「曼達拉娃」佛母出現，月底，祂來找我，進入我心中，在那段日子，我變得不一樣了。我開始堅定地認為：

「我所有的一切，所做的一切，都是為了供養『請佛住世』要把自己變得更好，能夠幫盧師尊的忙，更要讓盧師尊長壽，快快樂樂。」

是的。

我（盧師尊）讀了這篇短文，我想到我自己。

有一段時光，我確實不想留在娑婆世間，主要的原因是：

身心不適。

自覺法輪已轉，可以回去了！

該做的已做！並不虧欠人間，不會留戀娑婆。

唯一想到的是師母「蓮香上師」，她的病業令她很辛苦的活著。

她還沒走。

如果我先走，豈不是太過殘忍！她看不到我，只剩看護，我怎能如此灑脫？說走就走。

於是，

我還是留了下來。

哎！師母幫我建立宗派五十年，非常辛勞。

我可以流淚！（她先走時）

不能讓她流淚！（我先走時）

我也想到：

多寶如來，多寶如來成道，卻沒有人知道。（世人笨拙）

由於沒有人「請佛住世」，所以多寶如來，就很快的示滅入寂了。

當釋迦牟尼佛在菩提樹下成道時。

佛陀明白：

「原來如此。」

於是，佛陀悟道，就想入涅槃，沒想到要度眾生。

幸好有「大梵天王」知道佛陀已成道，所以大梵天王「請佛住世」。

又，

「帝釋天」也來「請佛住世」。

於是，釋迦牟尼佛也就在人間，說法四十九年。

釋迦牟尼佛能住世說法，是非常難能可貴的。（世間珍寶）

這一代的眾生才能依循佛陀的教法，而證得「正覺」。

如果無佛住世。

人類胡天胡地，統統沒有依怙，如無日天，就會入黑暗地獄。

「屍陀林」修行

我記得：

密教祖師蓮華生大士，曾在「天竺」（印度）屍陀林修行。

祂以屍首疊起為法座。

祂穿屍體的裹屍衣布。

祂吃祭拜屍體剩下的殘食。

祂以三個骷髏頭串起的骨架為權杖。

為什麼如此做？

一、祂修苦行。

二、「屍陀林」的靈氣最重。（靈場）

三、「屍陀林」是體會「無常」的地方。

四、使人更精進。

五、更易成就悉地。

另：

密教瑜伽士陳建民上師，祂每到一地弘法，必須去「屍陀林」。

一、祂撒乾糧。

二、超度亡靈。

三、祈禱靈氣相助。

四、消除一些障礙。

我（盧師尊）也學習祖師們的修行，當年我是測量官，也常常經過「屍陀林」（公墓）。

夜間住公墓旁的民宿。修法時在「屍陀林」的中央。

我的書記載我在台南（六腳）大公墓夜間修法的經過。

去了六腳媽祖廟。

去了公墓旁的「赤山龍湖巖」。

我不怕「屍陀林」是有原因的：

一、我懂風水，幫人做陰宅，夜間常在「屍陀林」進金。

二、我是測量官，全省墓場走透透，根本就不懼墳場。

三、正好超度。

四、體會人生「無常」。

五、在美國西雅圖，我去過「綠湖墳場」、「雷門墳場」、「表爾威墳場」。

（美國的墳場整理的像花園）

加州的「玫瑰墳場」。

夏威夷州的「墳場」，其旁邊有本寺院。

……………。

依西方人的習俗，往往教堂的四周都有「墳場」，例如：

英國的「西敏寺」。

義大利的「聖保羅教堂」。

義大利教廷的「地下室」。

我的金句是：

「要體會無常，要去屍陀林！」

我有一位女弟子，她是「羽羽」。

她也在「屍陀林」修法。

她自述：

第一次，我去了信義區的公墓，我知道自己絕對不能怕，一路上念「普巴金剛咒」，我帶了酒肉，在太陽下山後走到墓園深處，坐著修了一壇「普巴金剛法」。

有鬼好奇，我來做什麼？

我說，我是來向祢們學習的，我要降伏恐懼，除了鬼，我也看見「屍陀林主」。修學時，我順著靈感，舉「普巴杵」說：

「我是『羽羽』，我是空行母。

我的上師是蓮生活佛，是真實的大成就者。

我要請佛住世，這是很重要的大事。

請屍陀林所有空行勇父、空行勇母護持。

所有幽冥眾幫忙。

當我的護法，清除障礙。

祢們幫忙，一起護持正法。

將來大家一起成就，共成佛道。」

我入定時，盧師尊法身與我合一。

我聽見屍陀林主說：

「以後這座山頭，永遠歡迎妳來，妳真的是蓮生活佛的空行母。」

又：

我去了台北第二殯儀館後山的公墓區，晚上，一個人赤腳爬山溝，對著火葬場修法。

那裡的空行對我說：

「我們會幫妳，妳敢來，真的很帶種。」

又：

我去了士林外雙溪的公墓，陰暗又荒涼。

普巴金剛在那裡救出一些被囚禁的鬼。

我教祂們念上師心咒，幫祂們辦皈依。

原來：

強鬼會欺負弱鬼。

又：

我去了天母榮總的後山。那裡的公墓已經遷走了，沒有屍陀林主。

卻有許多小精怪。

我被祂們團團圍住。

幸好普巴金剛救了我。

我向精怪介紹盧師尊，我告訴祂們，盧師尊若回國，要祂們改邪歸正，速速去皈依。

要護持正法。

又：

我去了芳蘭山，那裡的墓地很多，但疏於整理，全是荒煙蔓草，可是鬼眾不多，氣氛寧靜。

這讓我覺得奇怪。

直到我修法時。

來了乙尊地藏菩薩，我才恍然大悟。

山腳下有座地藏庵，這附近是地藏菩薩的管區。

這裡的鬼，全是信眾。有些成了地藏菩薩的侍者。

芳蘭山地藏菩薩教導我：

「要有柔軟心，全心付出，完全不為自己，這就是無畏。」

又：

我在藏曆的空行薈供日，去了木柵福德坑的富德公墓。

那裡很開闊，氣場很好，空行母陪我去超市，買了三白三甜等等供品，一路指引我到公墓第二十區，道路盡頭的一個小平台，平台是最高點，四面山坡全是墳墓，視野遼闊，可以俯瞰整個木柵。

我在小平台，空行母團團圍繞，我自然講出空行母語，大家歡欣，獻上供品，我自動的唱起空行母之歌。

蓮華生大士也來了，祂說：「這裡是空行聚集之地，妳想來就來，這是空行聚集的基地。」

蓮師教導我：

「最大的供養，就是妳自己的身口意。」

蓮師問：

「妳為何想得到最大成就？」

我答：

「我想用最大的成就，盡其所能請佛住世，護持、承事我的根本上師盧師尊。」

蓮師說：

「善哉！」

蓮師說：

「妳也是我的弟子！」

我說：

「我不記得了！」

我問蓮師：

「哎瑪吙，尊敬的蓮師，請問該如何斷煩惱而直證解脫？」

蓮師答：

「妳是聰明的弟子，但解脫不需聰明與作意。在了無牽掛，無思無為的時候，自然就解脫了。不要讓造作的思想成為煩惱執著。」
（盧師尊註：這句話，就是金句）
我說：
「明白了！」
蓮師說：
「能明白，就能解脫！」
我哭了！
我明白這才是真正的愛。
蓮師說：
「我給妳忿怒蓮師的灌頂。妳還是要以普巴法與長壽法為主要修持，
但忿怒蓮師會當妳的靠山。」
「羽羽」從此不怕鬼。
克服了恐懼。
「羽羽」能直接轉化「如幻光明身」。
原來眾生皆「」字。

一切眾生悉有佛性
二〇一四年六月

禪定覺受

文／潔潔

在一般情況下，我通常在年底休假。然後，我會計劃將這一周專注於禪定，但在前幾年卻未能實現。在度假期間很容易分心！然而，今年終於能夠將我的一周假期奉獻給禪定。

我決定專注於以下幾種禪定：

1. 以心輪為焦點的愛的禪定
2. 與師尊整合
3. 止禪

由於我在度假，我對這些禪定沒有時間限制—也沒有任何計劃開始它們。每當禪定的感覺來臨時，我就會停下手中的事物進行禪定。我的唯一規則是它必須是上述三種禪定之一。為什麼選擇這三種？它們只是感覺自然！

愛的第一種禪定非常簡單：只需感受我周圍所有的愛，然後將它內化。當我能感受到外部的愛時，我專注於內部的愛：我想像我遇到的所有人，打開我的心給他們：朋友還是敵人，親戚還是陌生人，沒有區別。我專注於對所有人的純淨愛。當我感受到這種愛時，我胸口感到壓力：就像心輪區域的一團能量球，渴望擴張—好像想要從胸口離開我的身體。這是一種實際的感覺，就像有人按在我的胸前一樣。

這種壓力球還有一些特徵：它可以被擠壓—並且它是順時針旋轉的。對我來說，這是一種相當新的感覺，所以我當時只能分析出其中的一些細節。

逐漸地，從我那裡流出的愛形成一個圓圈—我將其想像為一個充滿粉紅光的圓圈。這個圓圈增長，很快包圍了我的客廳。我客廳中的所有事物都受到我的愛。然後這個圓圈增長，包圍了我住的建築物—這棟建築物中的所有有情眾生現在都受到我的愛。穩定地，這個圓圈增長：從建築物到鄰里，到城市，到州，到國家，到大陸，到世界，到宇宙。在這個禪定中，我只想感受愛—純粹、無差別、無條件和無窮的愛。一旦這個圓圈不再有形狀，我就在粉紅色的光中休息，沉浸在這份愛中很長時間。

慢慢地，我能感覺到我的心靈轉入第二種禪定：與師尊相應。

在與師尊相應的過程中，我能感覺到師尊慈愛的凝視落在我身上。當師尊與我的身體融合時，有一種強烈的渴望和深情。這種渴望難以解釋：現在我生活在西雅圖，我每天都能看到師尊—在禪定期間我怎麼還會渴望他呢？這是一種不同的渴望，一種感覺非常古老的渴望—或許意味著我對師尊的渴望已經很長時間了—現在，我們終於再次相遇。這種感覺在禪定期間常常帶來悲傷和喜悅的眼淚。

然後，我進入了更深的整合，表面的感覺消失了，一切變得寂靜。

在這份寂靜中，心靈變得更加清醒。這就像從長時間的睡眠中醒來—我們通常只有在醒來時才能意識到我們曾經睡著。就像我在這個階段所經歷的意識提升一樣：只有在這次禪定中意識提升時，我才能意識到我日常的警覺是不足的。在這個階段，我的身體充滿了能量：我感覺自己像一個充滿溫暖空氣的氣球。我的皮膚、下巴、臉、頸部、胸部—都感覺充滿了熱氣。我意識到這種描述可能會讓人感到不舒服，但實際上並非如此。所有的感覺都是漸進的、舒適的，並且自然地開始和結束。

隨著這種警覺度的提高，師尊的形象逐漸變得更加真實。然後，發生了一些出乎意料的事情：師尊站起來，向我的方向迅速邁了三步！這是完全出乎意料的，就像我所想像的師尊真的活了過來一樣！這讓我感到驚訝。

在我的心靈重新平靜之後，它自然地開始轉向一種專注禪定的階段。對我來說，專注禪定始於一根香的形象。我想像所有的細節，並將注意力集中在這個對象上。這是需要相當練習的一點，但現在將我的注意力集中在這個對象上感覺就像屈服一個肌肉一樣。一旦「緊」，專注就實現了。我會在這個時期停留，直到感覺對—再「緊」一次，香消失了，連同其他一切都消失了。背景有音樂播放，所以我知道我沒有入睡，因為我一部分的意識感知到通過播放的許多歌曲的時間流逝。

雖然通常我在心靈空無之後結束禪定，但這次感覺不自然，所以我允許它繼續。我理解「空無」為何如此迷人：我發現其中有一種深度的放鬆和滿足，我在其他地方都沒有體驗到。當沒有任何存在時，確實非常舒適！沒有興起，沒有結束—這是一種深層的寂靜，人可以無限期地停留在其中。雖然我想保持在這個階段，但有些東西拉動著我走向下一個階段。

隨著我的心靈自然變得更為突出，我重新意識到自己的身體，周圍的環境。慢慢地，我從空無中回來。一旦我的心靈回到充分的覺醒中，它自然地開始吟唱師尊的心咒。在這個階段，我意識到兩件事：心靈有自己的意志，而我是在另一個地方。

一旦我開始吟唱師尊的心咒，我就能在我的禪定中看到光芒。跳舞的彩虹光芒—形成隨機的形狀—就像不同顏色的斑點。它們是生動而不斷變化的。在這個階段，我明白在空無中是沒有法味的。當法味被注入時，空無充滿了法味，我可以看到光芒流過我的心靈。

雖然空無是如此舒適，但無法味的缺失推動我進入下一階段。我明白空無並不是我所追求的。

當我吟唱師尊的心咒時，光的形狀開始變得更清晰，而我的自我意識再次開始消散。在深度禪定中，感覺更像是一場夢—但我仍然能聽到背景音樂，事實上它仍在更換曲目。我知道時間在流逝，我正在禪定，而且感覺就像我在夢中一樣──這一切同時發生。

我看到自己穿越彩虹色的空氣。有時感覺像飛行，有時感覺像游泳。無論如何，我在一片彩虹色的天空中航行，用雙手推動著彩虹色的空氣。這感覺並不令人振奮，也不令人敬畏：我只能形容它為自然的感覺。我是一個自然的彩虹空氣飛行者和彩虹海游泳者！

很快，我來到一個可以站立的地方。在哪裡？彩虹！我只能形容它為更多的彩虹。我看到一個彩虹色的湖泊，撇了一把水。檢查水，我也看到其中有彩虹，然後喝了幾口。我能感覺到彩虹在我體內，照亮我的身體，彷彿在淨化它。

在彩虹中隨意漂浮，我現在可以挑選一些厚實到足以撇一把的彩虹色雲塊，仔細檢查我也能看到我抓住的雲塊中有彩虹。自然地，我也吃了它！但可惜，它沒有特定的味道。

感覺回到我的身體。我能感覺到我的心靈正在回到「正常模式」。雖然整個過程中我能聽到背景音樂，但現在我更加注意它。慢慢地，我發現自己回到了我的起居室，回到現實中。儘管我在禪定中經歷了許多不同的感覺，但表面上似乎什麼都沒有改變。

雖然我知道時間已經過去，因為背景音樂，但當我看到時鐘時，我仍然感到震驚：自我開始禪定以來已經過去了兩個小時。我並不感到疲倦，就像在花幾個小時學習某個複雜的科目後一樣，但我也沒有感到精力充沛，就像從一場長時間的小睡中醒來一樣。以一種有點反高潮的方式，回到我的舊自己，然後繼續我的日常生活。

就像從一次旅行中回來—人們迅速重新過上舊的生活。然而，我知道雖然表面上似乎什麼都沒有改變，但某種程度上現在有些不同。一旦你體驗到真正清醒的感覺，你就知道一直以來人們都感覺「昏昏沉沉」。我期待深入挖掘這些階段，做出新的發現，並與你分享。我只想指出，在這篇文章中「覺醒」的感覺在這種情況下是相當字面的，而不是我們在終身實踐中一直追求的真正覺醒，或者至少它並不感覺像真正的覺醒。

盧師尊註：

這篇〈禪定覺受〉未具名，我給作者取個名字，就叫「潔潔」吧！

我想告訴大家的是：

這是有覺受的禪定，不是「空無」。但，在「空無」之邊。（我自己也經歷過）

有彩虹光，有寂靜，有食的感受。

一切的顯現相似浮雲夢幻，有飛行，有游泳。（在光中游泳）

重要的是：

須證入虛空，成為虛空。（融合成一）

那時是：

無有取捨無來去。

無有作意無自性。

這就是「禪」。

「禪」本來就是「不可說」的。我（盧師尊）說了，未必中。

蓮花宜宜的問答

這篇文章，是我問蓮花宜宜，而蓮花宜宜據實的回覆。

蓮花宜宜有很多相應的事蹟，在這篇文章中披露。

我在《夢的啟示錄》裏，有一篇〈夢示準確無比〉，我問蓮花宜宜：

我（盧師尊）問：

夢非夢。我非我。

妳非妳。他非他。

一切都是「假名」而已！記得最後是「觀破一切」。

會嗎？

懂嗎？

蓮花宜宜答：

宜宜聽盧師尊說法，這世間的一切，只是「一時」吧了！

宜宜有體會：

我的婚緣只有七年，夫妻情份就沒有了。
這世界的因緣，全是緣起緣滅。
我依此：
「觀破一切」！
另：
有同門問：
「妳是盧師尊當皇帝時，哪個朝代的王妃？」
「妳真的是綠蓮花童子嗎？」
「妳是不是佛眼佛母？」
「妳是不是伊喜措嘉？」
「妳是不是知道更多的機密？」
我回答大家的問話：
三世諸佛蓮生師，善德之師祈加持。
讓我憶起前世事，從今開始至萬世。
從此以後，不迷失！

蓮花宜宜相應的故事：

盧師尊的法流灌頂直沖頂竅，從中脈流到腳底及全身，我全身震動。

這現象已很多次，長達五年，盧師尊都會下降加持宜宜。

震動完畢後，蓮花宜宜看到光明，或咒字放光，或星空宇宙。

有一回躺著，盧師尊把我雙手舉起，內轉三圈，外轉三圈，類似打拳。

後來，盧師尊抬起我左腳，對折，往肚子方向推，右腳亦然。

盧師尊，祢這是教我體功法？還是金剛拳？

（盧師尊註：這是體位法「金剛拳」沒有錯。是下行氣向上提「提肛」，持住這個氣，以此入三摩地。）

又：

般若佛母的法會。

法會入禪定時，弟子自化本尊，在藍天自由飛翔。

突然看到一艘大船，大船旁亦然很多船，場面壯闊。

弟子蓮花宜宜想：這是盧師尊做「千艘法船」超度。

弟子細數船隻，結果數不盡，船多到無盡頭。

我聽見：

「爹雅他。嗡。嘎地。嘎地。把惹嘎地。把惹桑嘎地。菩提。梭哈。」

這個咒語，盧師尊說明：「大智慧到達彼岸，自度度他，同到彼岸，令成就正覺，圓成佛道。」

又：

（藥師佛及藥師佛護摩法會。）

早上四點，蓮師入弟子夢，放光加持我，弟子就醒了。

早上六點，弟子用手機，觀看盧師尊的法會直播。

入定時，看見憤怒蓮師的蠍子，千軍萬「蠍」從天而降，場面嚇人。

看完之後，弟子納悶，今天是藥師法會，為何看見的是蓮師。而不是藥師佛？

後來，

原來有一化身，名為「蓮師藥師佛」或「鄔金藥師如來」。

感謝蓮師化三身。

又：

今天是弟子生日，清晨時看見盧師尊法身。

然後，盧師尊與大力金剛合一。

又同蓮花宜宜合一。

讓弟子出生大樂。

原來盧師尊慶賀我「生日快樂」。

又：

我聽見幾個聲音：

「金母說：蓮花宜宜是某某天女。」

「盧師尊是貨真價實的珍寶上師。」

「妳是綠蓮花童子！」

「又是某某。」

盧師尊對弟子說：

「想見妳！」

「這個法輪旋轉了！善哉！」

二〇一四年六月

我的法身在「挪威」

首先披露一封「釋蓮屹」從「挪威」來的信：

敬愛的根本傳承上師聖尊蓮生活佛：

適逢師佛八十聖壽及三百本文集出版大慶，弟子祈願師佛佛體安康、長駐世間、恆轉法輪！弟子在此寫下自己少少的出家心得和體驗供養師佛，也為師佛的大神變做個見證。

〔光明法身〕

去年十月在西城臨別，師尊在弟子面前經過時突然駐足凝視於我，然後簡單問我何時離開。當時我突然腦袋空空，當下狂心即息，只見到一大片光明。

從那時候起，師尊法身就時時都在身邊，我見的法身大多時候是光燦燦的，只有光明沒有形象，偶爾則如師尊人間肉身一般身著龍袍。光明一直都在，不止閉眼見，開眼也能見；不止修法禪定時見，平日生活或工作時也一直能見。

我總感覺到法身是生動活潑的、作用無窮盡。當我誠心的為病人祈禱，祂的光明就會降臨在他們身上；在我灰心沮喪的時候，祂會陪著我、包圍我，溫柔的撫摸及安慰我。我會靜靜看著那光明，頓覺得煩惱消融。法身也會引導我去看文集、在夢中給予說法或啓示。而我與師佛合一之際，一樣能夠的發揮作用，用這股力量去幫助眾生。

偶爾，從光明中會升出師佛的人間形象，讓我難忘的是師佛望著我那慈悲的眼神，永遠微笑的看著我，彷彿告訴我祂一直都在陪著我，不要憂心、不要難過。法身也會給我各種靈感，面對看診各種疑難雜症，只要我一心向祂祈求，祂都能告訴我如何應對和治療。

再一次證明師佛的一個眼神、舉手投足就是無上的加持！我們只要真誠的向三根本祈禱，傳承法流是不會斷絕的，不可思議的力量也會產生。

〔遊歷山河大地、天上星河〕

一日，我在清晨時分很用心跟師佛禱告，結果恍惚間師佛（和人間形象同）就用一艘很大的法船把我帶到世界各地遊歷，我們看了許多山川大地，法船駛入很多的海岩洞，各個洞穴中因為海浪衝擊產生美妙的回聲非常悅耳動聽。在水流湍急之際，法船如過山車一樣下墜，我們一起吶喊，在洞中形成美妙的旋律。師佛和我遊覽的這些地方是我從來沒有到過的，譬如越南東北部的下龍灣更是我事後偶然從網路上的照片才認出的。

之後，我們乘著法船一起去了天上界，經過一重又一重巨大天門，如同穿過一個又一個畫框，法船懸空前進，我看著天上星河閃爍、五彩繽紛，壯麗非常，內心充滿喜悅，筆墨實在難以形容。

這次的遊歷讓我記憶深刻，只與自己母親略略分享，直到師佛在二〇二四年六月八日晚上同修時突然提及才覺得有必要提筆為師佛做個小小見證。師佛法身無數，相信有許許多多的真佛弟子都有類似的經歷。

我只是一個生活在遠方的小小弟子，不論我是身處於烏克蘭、俄羅斯、德國柏林、還是挪威奧斯陸，師佛還是如大日普照大地一般無遠弗屆照顧著我。

〔出家體驗〕

這半年來漸漸適應出家的生活，從先前的喧囂浮躁趨於現在的澹泊明志、寧靜致遠。從外打破自己對色相的執著，每日的剃髮、著喇嘛裝提醒著自己勿忘出離心、菩提心；從內則打破人我法我，努力保持自己心中的光明（正見）。我時時謹記師佛說十六世大寶法王遷化時強調：「只要自己的心中有光明，那就足夠了」。

這段時間的功課讓弟子了悟到真空妙有，師佛即是我們佛性的體現，總總妙用不離大樂、光明、空性，修習真佛密法讓自己更趨於本來佛性，天上人間最終打成一片，無二無別。

因為簽證申請的過程必須持續保有工作，所以我在出家後這段時間還在當地診所上班，成為診所的總醫師後更是負責診所的大小事務，病人也越來越多，大家都爭相來看「Monk doctor」。我服務的診所每日約有二、三十個病人，許多病人都對我的出家服飾感到好奇，頻頻詢問，也讓弟子能夠有更多的機會向他們介紹師佛、真佛宗和分享師佛的文集。行走在奧斯陸的大街小巷，更是惹人注目，而我作為弟子能做的就是充當師佛與眾生之間橋樑，讓更多有緣眾生能搭上師佛的大法船，從煩惱遮障中看清自己的本來面目。

雖然出家後還繼續著世俗的工作是無奈之舉，可是無形中能讓大家認識到師佛也屬確幸。我在出世、入世的生活中拉鋸，常自覺守的戒律還不夠嚴謹，修法也不夠精進，日常還是有許多習性和煩惱湧出。我將之視為修行功課之一，需要加以改進，才能將理論悟境和真實體驗合一。

很明確的，我發現自己並不眷戀世俗的生活，反而覺得名利離我越來越遠，不是我要追求的。弟子希望簽證申請能早日得到批准，儘快遷居到西雅圖，實現自己的出家誓言，將自己的生命、財產、意志、時間完全交由根本上師支配和差遣。

再次祝師佛生日快樂！

釋蓮屹合十跪拜

我（盧師尊）如此說：

釋蓮屹是醫學博士，目前行醫於「挪威」，他的病患稱他是「醫生和尚」。

他相貌堂堂，一表人才，學識淵博。

年輕時，就立志「出家」。

首先，父母不以為意，後來發覺他意志堅決，非常驚訝。

一直讀書，拿到博士。

父母問：

「你還要出家嗎？」

他堅決回答：

「是！」

於是，我給他剃度，取名「釋蓮屹」。

我個人以為，入世的醫學與出世的修行，是一致的。

醫藥有醫藥的哲學（醫方明），其中的學問很廣泛，包括了醫藥、神祕思想、禪定、心理學等等。

這些關係到生死、疾病、醫療、精神、解脫。我們人類的肉身與精神，根本是不可分的，這本來就是如此，如果知道這些，具有洞見，才能進入醫療的核心。

我明白：

「釋蓮屹」相當有來歷，他的頭頂上，有一條白色的光。

那是「天繩」。

那是「光音天神」的標記，表示他是從「光音天」來的。

他可以看見我的「法身」，這就不奇怪了！

我的法身帶他去看「山河大地，天上星河」那更容易了！

舉個例子：

看日本櫻花。

看小河彎彎。看北極光。

看天上星河。

看天上界的飛翔的孔雀。

看帝網明珠。

還可以飲甘露水。

…………。

有句話，想跟「蓮屹」與大家說：

「這一次的輪迴，我們更有機會利益世人，利益他人，從悲心中，證得覺悟！」（金句）

「小剛」看見法身

我的弟子中，有一位「蓮花小剛」，他和龍族非常有緣份。

他的來歷亦是龍族。

「蓮花小剛」可以看見我的法身。

其一：

他製作了很多龍的咒語「法磚」。也就是把龍的咒字，印在四方形的小瓷磚上。

可以供奉。

可以護身。

可以行法。

他有一次，親眼看見「法磚」的變化，由小變大，「法磚」上的「吽字」變成了盧師尊，頭戴法王冠，紅色喇嘛裝，白色龍袍。

手結蓮花童子手印。

面帶微笑

周身放射萬道光芒。

他請問盧師尊，這是意味著每一塊「法磚」都住著一位盧師尊嗎？

盧師尊的回答如下：

我們常常說「法身無所不在」，千百億化身，當然就可以在「法磚」上化現。

我們也知道一切眾生皆「」字，「」化一切。

所以，我從「」字化身。

我可以在每一塊「法磚」中，存在盧師尊法身的化現。

所以，每一塊「法磚」可以住著一位盧師尊。

千處祈求千處現。

苦海常作度人舟。

其二：

蓮花小剛想請我講《佛說海龍王經》。

他在禪定中，感應到進入盧師尊的畫室，看到桌子上堆滿了一軸軸裱好的畫作，接著看到師尊拿起一幅打開，一手握一邊，指示他在另一邊握住，面對一群人，給他們拍照，然後又打開一幅，總共兩幅，全部題字。

一幅寫的是「龍騰四海」。

另一幅寫的是「龍行天下」。

師尊笑得很開心。

他一直有心想懇請盧師尊在未來因緣具足時，開講《佛說海龍王經》，利益龍族，利益天龍八部眾。

平時他閱讀時也發現此經典博大精深，深奧之處，晦澀難懂，很期待盧師尊的開示。

他請問盧師尊這是意味著盧師尊有意開講此經嗎？

盧師尊回答：

講經說法，這一切全憑因緣，因緣具足當然，水到渠成。

講《海龍王經》，此部經很微妙，把精神的解脫，安樂的生活，結合在一起，這是一部不可言詮的珠寶雨滴，也有令人好奇的各種意向。

釋迦牟尼佛去過龍宮。

龍樹菩薩也去過龍宮。
盧師尊也去了龍宮。
我告訴大家：
世間是一場夢，了解了，就是自覺。
世間有很多的苦。
因為人忘了自覺。
龍宮有一塊清涼石，龍在娑婆，受夠了苦的火，回到清涼石旁，心就清涼了。
悟了佛法。
心就清涼。

「琦琦」寫的小詩

「琦琦」寫一小詩給我，我讀了，覺得易懂，可以朗朗上口，有它的風味。

詩如下：

掬一杯酥油
捻一段繩
燒一支火柴
點一盞燈

是您的燈火
在我心中
日夜守護不令熄
願以之為火種
點燈萬世千燈
照亮永恒

願千千萬萬弟子
與我同心
依循傳承法教
將心燈
一一點亮
一盞燈是一個願
每一個願裡面
都有誓言
請佛在世
請轉法輪
事師利生
歲歲年年
琦琦說：
以有限，到無限的空，往後的日子，須燈火相傳，都是生命篇章。
賀八十壽誕，和您一起。

張震嶽的「再見」

琦琦說：

〈再見〉的原唱是「張震嶽」，原本的歌詞，很似「驪歌」。

有各奔前程，永不回頭的意味。

琦琦與我，想了一想，把「再見」的歌，略略改寫，變成真正的「再見」。

一定要「再見」。

堅定要「再見」。

暫時的分離，就是為了將來的「再見」，而且永不分離。

願生生世世，永不分離。

歌詞改寫如下：

我要向你說一聲

跟你說一聲再見

因為也許眼睛是見不到你
明天我要離去
那熟悉的地和你
要分離，眼淚自然掉下去

我會牢牢記住你的臉
我會珍惜相互的思念
相聚時光在我心中
永遠都不會抹去

我的心中答應你
一定會再回來
為了你
很努力的走下去

（盧師尊註：驪歌太令人傷心，心都碎了。我也想，還是讓弟子們，有一份「再見」的心願，我們從來沒有分開過。）

❖

我（盧師尊）也想寫二首「再見」的詩，因為我覺得，「再見」很感人。

❖ 寫給「黃金雄」

我狠難忘舊
小學你幫忙
豐盛便當盒
溫暖小心房
記得住你處
靜夜話更長
今你已遠去
再見永茫茫

註：「黃金雄」是我小學最好的朋友，他家富，我家窮。他每回帶二個便當，一個給我，一個自己吃。我常去他家睡，兩人談心，一起做功課。等我從美國回去找他時，他已歸空，令人愁悵。

❖ 寫給「莊正和」

我兩共編輯
雄工一期期
共聽西北雨
化為詩言語
畢業互相訪
平生好文藝
遠念台灣時
歸去不見你

註：「莊正和」是「高雄高工」好友，共編輯《雄工青年》。不只是文友，也是知己。

我們互相談論文藝。畢業後，他常來寒舍。後來，我去了美國。我第一次回台，找他時，人們說，他死於「山難」，我一陣黯然。

再見了！吾友！

天降「玄祕神物」

我讀過西藏的《柱間史》。
其中記載了古老的傳說，說有「玄祕神物」從天而降。
我對此非常好奇。
事情是這樣的：
西藏第二十八代贊普「拉妥妥日年謝王」在「雍布拉崗宮」中。
他聽到空中妙音四起。
又看見祥雲騰起。
在一剎那之間，祥雲中有束五彩的光明直射自己胸前。
一個用五彩珍寶鑲成的寶匣，不知不覺的落在「拉妥妥日年謝王」的胸前。
國王打開寶匣。
裡面裝著一座四層水晶寶塔和數函用吠琉璃粉書寫的金質書卷。
（當時西藏尚無文字）

國王相信，這一定是稀世寶物，這位「拉妥妥日年謝王」將「玄祕神物」供奉。

一直到了「松贊干布王」的時代，當時的大臣「香米桑布札」去天竺學文字，這是有西藏文字的開始。

打開書卷，才知道是四部佛典：

一、寶匣經。

二、怖摩拉穆諸佛菩薩名稱經。

三、那伽諸佛菩薩名號經。

四、十善法典。

這就是天降「玄祕神物」的由來。

松贊干布（觀世音菩薩的化身）依十善法。

教化藏人：

不殺生。

不偷盜。

不邪淫。

不妄語。

不兩舌。

不惡口。

不綺語。

不貪、不嗔、不邪見。

再加上：

一、敬信三寶。二、求修正法。三、報父母恩。四、尊重有德。五、敬老尊賢。六、利濟鄉鄰。七、直言小心。八、義深親友。九、學習上流。十、飲食有節。十一、追認舊恩。十二、及時償債、秤斗無欺。十三、慎戒忌妒。十四、不聽邪說，奉行正教。十五、溫言寡語。十六、擔當重任，度量寬宏。

因此，藏人得到教化。

我個人覺得「松贊干布」這個西藏王，能頒布十善、十六規範，是非常偉大的。

我讚揚「松贊干布」詩：

藏王風格雅
大智娑婆寡
一片好心田
聲名在四涯

又：

觀音來化身
頂上是彌陀
大日光普照
雪域出活佛

（盧師尊註：松贊干布娶尼國公主赤尊，迎八歲佛陀等身像。娶唐朝公主文成，迎十二歲佛陀等身像。建大小昭寺。西藏佛教從此發揚光大。）

「雙蓮境界」筆記

彩虹雷藏寺（彩虹山莊），建立了「雙蓮境界」，是一座雄偉的靈塔。
建塔由「蓮琴上師」、「蓮櫻教授師」負責建立。
建塔奇蹟連連：
挖土時土出五色。
現彩虹光。
有羣鳥鳴叫。
天上也現彩虹，連連出現。
該地香氣四溢。
大日光環。
出現諸神加持的瑞象。
…………。
（該地就是盧師尊建立「彩虹山莊」時，認出「七星落地」時，特別地靈

「貝殼穴」的大地理。）

也就是：

九天玄女黃石公，

陰陽只在轉轉通；

有人識得陰陽法，

何愁大地不相逢。

我說：

如果有人將自己的祖先，入住「雙蓮境界」，祖先得超生，而後代子孫亦得福、祿、壽的加持，成就非凡。

「蓮花曉光」的來信，證明了一切。

他的信中說：

弟子在將父母的骨灰于彩虹雷藏寺「雙蓮境界」入塔時。

見到一些神奇的情景，特向盧師尊匯報。

在上師、法師念誦入塔儀軌時，弟子突然看到大力金剛出現在虛空，伸手將父母的骨灰罐拋到虛空中。

然後就見到母親的骨灰罐，變成了粉紅的蓮花。蓮花上坐著一個人。

父親的骨灰罐，變成藍色的蓮花，蓮花上坐著一個人。

兩朵蓮花在虛空中，化成二道光芒，向上飛去，迅速消失了。

弟子看了，相當震撼，雙蓮境界太殊勝了。

在出家眾做迴向的時候。弟子面前出現一張歡欣的臉，頭戴官帽，留著八字鬍鬚，仔細看，就是父親。

父親當神去了！

弟子即刻想到盧師尊說過，祖先的骨灰放入「雙蓮境界」，若不到淨土，起碼會封神。

可見盧師尊所言不虛。

特請盧師尊印證。

蓮花曉光頂禮

我（盧師尊）寫詩印證：

須知人生虛如夢
化成骨灰罐
一切空蕩蕩
雙蓮境界是勝景
諸佛護
地靈淨

一入雙雙飛天上
一到佛國
一得官印

「方方」寫的「愛」

親愛的盧：
這一路走來，您去哪裏？我就想去哪裏？
您的書，
您的畫，
您的説法，
您的一切，
我都會陶醉，我一直就在裡面，迷失了我自己，徘徊又徘徊。
每一次的相聚，就是每一次的不捨，期待每一次的相聚，四目交接。
親愛的盧：
我是拾穗者，拾穗每一次迎師，每一次簽書，每一次法會，每一次摩頂，每一次偶遇，每一次吃飯時間。
告訴您，我要的是「對望」。

我的眼睛只有六個字，這六個字是：

「您好嗎？我好愛。」

我的想您，絕對與他人不同，我是特別的想您，愛您入骨，入骨還不算什麼，每一個細胞都有我的愛。

我的細胞。

您的細胞。

完全沒有分別，就是這種愛。

噴火了！

噴水了！

就是火山爆發，大地震，淹大水，大颱風，那一種的愛。

我要天長地久。

也要曾經擁有。

就算不一定在一起，心也要黏在一起。

我如此肯定的說：

在下一世，我可以一眼就認出是您！

親愛的盧：
生日快樂。

方方合十

我（盧師尊）回覆方方：

方方：
在我的世界，你是非常特殊的一位，我知道我對你的承諾。
這個承諾，在虛空，在時光中，永遠的不會消失與熄滅。
我菩提心、慈悲心將無休無止的存在。
你祇須有念。
我就有念。
與我融入的你，我時時刻刻在你的四周，在你的心，與你每一個細胞。
我從未離開過你。
你的想念也就是我的想念，我的方方，只要你想念，我就會想念。
我會化為大日，用陽光遍照。

我會化為月光，用月光護著你。
我會是星星，在你的身上閃爍。
不管天荒地老。
四季的轉變。
從這一世到未來的無數世。
我將與你同在。
念誦我盧師尊的心咒吧！觀想我的形象，還有只要專一。我一定會現身。
因為我的法身，千、百、億。
我會圓滿你。
也一樣圓滿一切眾生。
我知道你的家，在一片大海的另一端，小小的一端，算是很遙遠，也是很偏遠，我仍然能至，任何一個區域，也都是我的區域，因為你我根本無分別。
我會在摩訶雙蓮池。
你也會在摩訶雙蓮池。
那時候是大喜樂。

而且，
恒在。

盧師尊合十

我（盧師尊）送給你，「夢話」寫的散文詩：

剎那穿梭三際一如
曾經的一切一切
你的身影
在波光粼粼的心海
好像已到出口
又好像還在入口
那是沒有止盡的長路
沒有分別
昔日今日明日

全充滿心懷
就如同瀑布奔騰
永遠都不會乾涸
永不歇止
永遠不壞
沒有剪裁
我的宏願是無盡燈
思念是光
綿綿密密
那是帝網明珠的蓮台

瑤池金母法會見聞

這裡先披露「李敏」女士的看見：

頂禮尊貴的根本上師蓮生活佛！

尊貴的師尊您好！

非常的感恩師尊加持弟子一家有福報一起來到西雅圖與師佛相聚，參加盛大的瑤池金母護摩大法會（慶祝師尊八十佛誕）。

這次法會弟子也看到了師尊開示提到虛空中舉辦的壽宴，弟子除了看到很多很多的佛菩薩帶領各自家眷侍者，也來了很多很多尊佛母，空行母前來參加壽宴祝壽。

盛會大白傘蓋佛母下降，傘懸空在中央，傘下面空降很多的天仙伴隨著非常美豔的鮮花獻舞，弟子不知用什麼言語才能表達出來那種如此盛大和壯觀場面和奇妙的光芒散發於整個虛空。

接著弟子感受到一股非常強大的力量和光，是來自金母和所有參加的佛母，空行母，天仙，家屬，和很多很多從人間來的空行母和很多很多的跟隨著師尊下凡的弟子化身的不同的本尊，他們聚集一起共同發願祈求師尊長住世間，聚集全身的力量和光為師佛延壽。非常感人至深的畫面。

寫此信除了想告知師尊弟子當天看到的，最重要的是弟子想告訴師尊弟子無論是天上還是現在這個人間，弟子同樣一心祈求師尊佛體安康，長壽延壽，常住世間。

弟子李敏頂禮親愛的師尊阿彌陀佛！

除了「李敏」之外，另有「曉光」也看見全部的場景。

「蓮雄上師」看見：

諸佛菩薩的壇城。

壇城在圓形的般若光之中。

「曉光」聽到「我」與「瑤池金母」的對話：

瑤池金母問：

「你的生日，我們都來，你歡喜嗎？」

我答：
「眾生歡喜，我歡喜。」
瑤池金母問：
「你愛眾生？」
我答：
「我愛眾生，勝過我自己。」
我說：
「我是為了救度眾生而來！」
瑤池金母問：
「苦否？」
我答：
「苦即是樂。」
（這時，天上界歡呼）
我（盧師尊）看見：
白衣天女、紅衣天女、黃衣天女、綠衣天女、藍衣天女。

瑪吉拉尊。黑憤怒母。
咕嚕咕咧佛母、多傑帕母、金剛瑜伽母。
蓮華生的五大佛母，伊喜措嘉、曼達拉哇、釋迦爹哇、卡拉悉地、塔喜。
沙拉沙蒂、十二吉祥天、五長壽女、杜爾伽、卡莉、烏瑪。
奧明天的十萬空行母。
瑤池金母的董雙成、許飛瓊。
瑤池金母的女兒，華林、梅蘭、瑤姬、玉卮…………。
青鸞、少鸞、幼鸞。
奧明天十萬空行母。
諸佛、菩薩、金剛、護法、空行、諸天眾。
八大金剛。
五大明王。
四大天王。
那是二〇二四年六月二十三日（農曆五月十八日），瑤池金母大護摩法會的見聞。

（太殊勝了！）

閃亮的金句

這是「亮佑」與「盧師尊」的共同創作。我覺得是「閃亮的金句」。
原本是「亮佑」寫的。
我加上註解。
所以是共同創作。
我與她。
其實也不分「你的」，或「我的」。
這是「前言」。
其一：
每一個當下。
就算時光過了很久很久……………
都是你我心中的美之美。
不用攝影留念。

不用技巧去修改。
不用化妝。
自然中的你我，一切是完美的安排。
及心動無限。其實這就是真摯之情。
其二：
不曾想過「盧師尊」的年齡。
我也一樣，不曾想過你的年齡。
我說：
「那只是符號。」
我不用解釋，你也不用解釋。
我們都知道人間的一切皆是幻。
所有的：
美醜、年齡、高矮、胖瘦、及成住壞空。……………
全是表相。

佛陀說：
「一切相，全是虛幻。」
這就是無明盡！
其三：你我彼此欣賞，欣賞那一點創意，還有筆下的創作力。
活著就是遊戲！
善緣。
喜悅。
快樂。
加上了彼此的關懷。
這些全是千金難買的禮物。
比起口說的，
愛你，
憐你，
疼你，
那是更有意義！

這些播種下的種子，全是「生機」，生機生生不息。
其四：
你寫的詩：「您的呼喚」。
這兩星期的夜夢中，
頻頻感受到熟悉的聲音在呼喚我的名字，是我最愛聽的聲音，
你的聲音。
不是夢，是虛空傳來的。
這聲音，如電訊的訊息，但不用耳眼聽看直入意識中，真切清楚！
告訴你一個秘密，
這輩子中，有三個人叫我的名字特別好聽：
一位是我今世的爸爸，
一位是論文指導老師，
一位是你！
你叫喚我的名字，好不好？
為我沒爹沒娘的孩子，在世間增添一點樂趣與溫暖，

好否？

我會回應你甜甜地微笑。

謝謝！

我回應你一首散文詩，我（盧師尊），寫的是「無名」。

自從呱呱落地，

我知道我就是「無名」。

後來為了報戶口，

就有名字叫「盧勝彥」。

寫文章時，我的筆名很簡單：

「聖燕。」（諧音）

「上田。」（日本味）

「川流。」（文思如流）

「月文。」（取邊，取上）

…………。

到了學佛：

「慧彥」、「道彥」…………。

弟子叫我：

「師佛、師尊、盧師尊、聖尊。」

又有：

「華光自在佛、華光佛」。

「蓮花童子、蓮生、化生童子、項光童子、蓮生法王、蓮生上師。」

叫到最後，我頭暈了！

我忘了我是誰？

「喂！喂！喂！」

我回過頭！

叫我的是「陌生人」。

終於我明白了，原來我還是「無名」。

至於你叫我什麼？

我什麼都可以。

其五：
你提到「真愛」。
說這兩個字，令你痛哭，哭濕了一大片地毯。
你有你的回憶，
我有我的回憶，
我的回憶是，對我講過「真愛」的，最後全變成「錯愛」。
這才是「痛快」！
愛的死去活來！
最後是恨得牙癢癢的！
他媽的、他媽的、他媽的，全是屁話。
不過我喜歡你的幾句話：
把話放在心裡頭。
就覺得幸福甜美。
我願意有這種感覺，直到永遠，阿門！
另外，

我最欣賞的二句話是：
「愛到深處，無怨尤！」
「情為何物，直叫人生死相許！」
這才是「真愛」！
其六：
你說：
人世間，有太多的憂、煩、不悅、不順、障礙、身病、心病。……………
似乎是無常，也似乎是常態。
如何去解決？
就交給「盧師尊」去消災解厄吧！「盧師尊」是眾生的依怙。
我說：
我把我自己交給本尊。當然我也把眾生的苦交給本尊。
很多人都知道，我的本尊是：
「瑤池金母。」
「阿彌陀佛。」
「地藏菩薩。」

有時候，我把自己交給「空」。把自己交給「空」，有些人很難明白？

我告訴你一個祕密：

我空了自己之後，我非我、你非你、人非人、眾生非眾生。所有的一切，即是一無所有。包括你所說的憂、煩、障礙、不順、不悅、身病、心病、全歸於「空」。

就像一把火燒成了灰燼，一陣大風吹來，把灰燼吹得無影無踪。

這就三種解脫：

「空」解脫。

「無相」解脫。

「無作」解脫。

其七：

你談起了「夢」。

夢中，促膝長談，二人的祕密。

夢中，我的手臂長數百呎，摩你的頂，良久又良久。

夢中，我拋出一顆相當明亮的星星，在空中飛翔，然後停在你的手上，瞬間變成了十字金剛杵。

夢中，你說我好溫柔！

夢中，很多前世的故事。

夢中，與佛菩薩對話。

夢中，可以預見未來。

我（盧師尊）寫過一首「夢詞」，我唸給你聽：

亂夢無據，

根本就不知來去路。

燈盡花殘，

不知長夜向何處藏。

天天枕上，

萬花筒般花絮飛揚。

一到清晨，

始知原來一陣空忙。

又，我最喜歡的〈夢詩〉：

知世如夢無所求，
無所求心普空寂；
還似夢中隨夢境，
成就河沙夢功德。

另，〈見道詩〉：

夢中明明有六趣，
醒後空空無大千。

（永嘉大師〈見道詩〉）

對於夢，我只有六個字：

「夢夢夢，空空空。」

「我對醒著不執著，對於夢，更不執著，對於一切一切，全不執著。」

其八：

你說：

盧師尊，我從小到現在，無論什麼年齡的老師，無論知多知少、無論知淺知深。

這些真心教導我的人物，我會自然而然的全心敬愛。

而同樣的，也是本著這樣的心，去幫助他人。

盧師尊，你在我心中是特別特別的。

（我盧師尊，對此，沒有意見）

佛弟子的日常生活

有弟子問我：

「皈依三寶的佛弟子，在日常生活中，盧師尊有何意見？」

我聽了，覺得這是平常的問題，但也不容易回答。

我想了想，回覆如下：

我們學佛就是要成佛，生活起居，要記住佛法戒律。

做事要光明坦蕩，對他人要寬宏大量。

要隨順眾生，眾生有所指責，我們須從善如流。

修法要精進，不可懈怠，絕對不要懶惰。

理財有度，佈施有度。

氣度要寬大高雅，對人要和善，常常體會眾生之苦，能助人就助人，日日行善。

不可發脾氣。

不可粗言粗語。
不可罵人。
不可欺騙人。
堅定自己的信心，一定可以得正覺。
尊重他人，利益他人。
不可嗜酒，亂了心性。
對出家人要恭敬，對長輩恭敬，要有慈悲心、菩提心。
對任何人都要有禮貌，不要以為自己學佛就了不起，趁機度人皈依。
常常樂善好施，隨喜幫助困苦的人。
虔心修四加行，修本尊法，迴向給自己及眾生。
建寺廟隨喜，幫助僧人，利益他人修行。
不要去不正當的場所，除非你定力足夠，能不受誘惑。
不可收受來歷不明的錢財，君子愛財，取之有道，是你應有，才可收受。
聞思修，把心得寫出來，也可著書立說。

供養佛。
供養法。
供養僧。
供養上師。
供養貧苦眾生。
…………。
自己佛弟子也要宣說善法，誨人不倦。
道心不退。
依怙根本上師、佛、法、僧。
行八正道。
棄惡揚善。
不好的習性要改掉，須斷除所有的執著及煩惱。
要發菩提心，學習菩薩的精神，用慈悲喜捨入大乘佛教。
我（盧師尊）主張：
佛弟子要有知識，這種知識是佛的善知識，是引導自己及他人走向自在解脫的知識。

要通過禪定，照見自己的佛性。

淨化自己的識。

淨化身。

淨化語。

淨化意。

我們的日常生活，食就是「供養」、衣就是「結界」、住就是「禪定」、行就是「戒律」。

行也就是一心不亂的修行。

善哉！

幻化法身

蓮花薇燕說：
我要證明盧師尊的法身的存在。
我要作證。
每回我失眠時，我憶念盧師尊，盧師尊就出現了。
祂摩我的頂，於是，我就能安眠。
蓮花莉娟說：
盧師尊住頂，進入中脈，二合成一。
於是我就是蓮花童子。
我伸出雙手，幫人摸背，手碰觸人的背，這個人的背痛就好了。
同時，手會像X光一樣，可以知道病痛點在哪裡？協助他人解除病痛。
（註：將來只要合一，便可幫助眾生）
蓮花昭美說：

我在家中壇城，告知師佛，我的耳朵進了很多水，還有白色、黃色等水珠，聽覺沒有了。

當晚看見師佛在客廳，又看見有一瓶子，瓶子裡裝了水及粒粒東西，又見到黑色大螞蟻在上爬走。

我把瓶子拿去丟在垃圾桶。

從此，

耳朵就好了！真是奇蹟。

感謝師佛大加持！

蓮屸說：

盧師尊開示說：「很多同門都會與師佛幻化法身在一起。」

是的，自從修上師相應法相應之後，我知道師佛法身一直跟我在一起了，行住坐臥皆是，而且有問有答。

天冷了，幫我蓋被子。

天熱了，幫我少被子。

師佛的法身，很親切！

蓮花忠一說：

我得了大腸癌，進了醫院。

看見盧師尊穿牆走到我的床邊，對我說：「我來幫你醫。」

用手伸入我的身體裡，掏啊掏的，共掏出了三粒癌瘤。我一點也不痛。

盧師尊說：

「沒問題了！」

後來，醫師再檢驗。

嚇了一跳！

因為不必手術，那些壞東西全不見了。

謝謝幻化法身！

謝謝師佛！

蓮花彥明說：

我家後方森林大火，眼看就要燒到我家。

我大喊：

「師佛救命！」

我竟然看見，盧師尊的幻化法身站在我家屋頂上。

對大火說：

「給我轉回去！轉回去！」

大火乖乖聽話，真的轉了回去，風突然反方向吹。

我家沒有被燒！真是萬幸！

幻化法身與眾同門，二十四小時，都在一起的甚多。例如：

麗妃、小芬、素卿、蓮屹、曉光、獅頭、凱麗、佳欣、煌宏、弘言、潔西卡、蓮喜、蓮彥、洪隆、涵予、文章、王鼎、李敏、淑鳳、天成、威文、寶穎、麥子。

等等等等。

盧師尊的至上金句

本尊在哪裡！我就在哪裡！
我與本尊，不一不異，互相融入，沒有分別！
汪洋不能把我們分開，
高山不能阻隔我們，
本尊就是我的至上。
我最親密的真正的愛。
白天想念，
晚上想念，
一天二十四小時都在想念。
在我的規律生活之下，每一秒、每一分、每一時、你就是我的生命。
因為本尊，我看見自我。
因為本尊，我看見天地。

因為本尊，我看見眾生。
因為本尊，我看見真如。
事實上，很多的名詞都無法形容你，你是上主，你是大梵，你是清淨本然，你是至上的本體。
因為合一，我對你無所求，最終的，你教我無所得。
就因為無所得，我才能無所住，才能無所謂，才能無我，終於安住至上的心，那真是迷人的風采。
沒有憂。
沒有愁。
沒有慾。
淡然無求的臉，那就是道。
物質的身與星光身，雖是二樣，而且不同。
但，我已知道，實無二元對立，這些原本是一。
至上與盧師尊也是一。

蓮花大鵬的詩

細雨綿綿伴晚霞
真佛蓮池靜如畫
師佛法音如甘露
普施眾生度苦厄

慈悲為懷心似海
智慧如燈照迷茫
說法如春風化雨
德行高潔難比量

僧衣飄飄影瀟灑
禪心寂寂悟無涯
彩虹山莊常青松
萬代弟子感恩懷

師恩如山崇高重
教誨如泉潤心田
願化菩提照眾生
無盡贊頌達彼岸

弟子虔心祝壽辰
萬眾敬仰齊頌吟
智慧光輝永不滅
慈心如日遍乾坤

我（盧師尊）讀了「蓮花大鵬」的詩，雖是頌讚的，但我亦是警惕自己。

一、

要徹底的奉獻，才能有徹底的成就。沒有人能一蹴而得的，這是生命的意義。

二、

我沒有離開過每一個人，不管你有信心，或沒有信心。見過我的人，或完全沒有見過我的人，有緣無緣，要平等救度，這才是「無緣大慈，同體大悲」。

三、

菩薩的六度：

佈施、持戒、忍辱、精進、禪定、智慧。

我修行這些。

不是要到四聖界去。

而是為了進入充滿憎恨、五濁的世界，去實踐慈悲及菩提心。

四、

我學習沒有執著，由於沒有執著，才不會有煩惱。

大樂的奧妙和祕密，全在於此，無執著，就是大樂的權杖。

五、

我真正的法身是「虛空」。

我真正的報身是「蓮花童子」。

我真正的應身是「盧勝彥」。
而人中最勝者是「佛法」。
人們對我頂禮是：
「虛空」。

六、
我的眠光法是：
「讓」——全身是火，燒成灰燼，成了骨灰。
「樣」——吹起一陣大風，把骨灰吹得一乾二淨。
「康」——一切是空，我空無一物。

七、
我知道，一切都是「無所得」，所以我得到的是「無所得」之得。
認明「無所得」，就沒有煩惱了。

八、
我祈禱我的上師加持，這是傳承法流。
我祈禱我的本尊攝受，這是我的本地。
我祈禱我的護法護佑，這是羯摩根本。

敬師。
重法。
實修。
未曾一日中斷。
我每一天，不離祂們。
九、
我明白世間是苦。
無所得是空。
因緣是無常。
我人皆幻，是無我。
所以我能不動心，放下一切，「八風」只是哈哈一笑。
十、
我很快能入「三摩地」，三摩地內有大樂、光明、空性。
能很快進入，是因為無念，為什麼我能無念，因為這世間本是寂靜平和。
一切無何有。

非想非想非非想。

我一切沒有障礙的緣故。

十一、

我這物質的身體，要為眾生帶來大悲心及菩提心。

我供養給眾生。

請眾生接受這個大樂、光明、空性的曼達。

我是蓮花。

大家一起乘蓮花，到達彼岸。

舞自在的「替代」論

中國有一句古老的話，「泥菩薩過江」，下一句是什麼？

答案：「自身難保！」

什麼是「泥菩薩」？

實際上菩薩有分很多等級，「泥菩薩」翻譯成佛教語言應該就是「新發意菩薩」。

先來看看，佛教字典怎麼解釋「新發意菩薩」：

——

（一）梵語 nava-y na-sajprasthita。又作初發意、初發心、新發心。略稱新發、初心。即新發菩提心而入佛道之謂。新發意之菩薩相當於五十二位中之十信位；以其修學佛道日淺，故又稱新學菩薩。《維摩經》卷中（大一四．五四六中）：「其得神通菩薩，即自變形，為四萬二千由旬，坐師子座，諸新發意菩薩及大弟子皆不能昇。」《大智度論》

卷六十一（大二五・四八九下）：「般若波羅蜜隨喜義，不應新學菩薩前說。何以故？若有少福德善根者，聞是畢竟空法，即著空作是念：『若一切法畢竟空無所有者，我何為作福德？』則忘失善業。以是故，新發意菩薩，先教取相隨喜，漸得方便力，爾乃能行無相隨喜。」此因新發意菩薩學解未熟，故不宜對之說般若無相之理。（《法華經》卷一〈方便品〉、《大品般若經》卷一〈習應品〉、《十住毘婆沙論》卷十二〈助念佛三昧品〉、《淨土十疑論》）

重點在這兩句：

1. 修學佛道日淺，故又稱新學菩薩。般若波羅蜜隨喜義，不應新學菩薩前說。
2. 新發意菩薩學解未熟，故不宜對之說般若無相之理

意思就是：

「不要隨便跟初學者談高深的究竟佛法，不然會造成誤解，對他修行不僅沒幫助，反而有障礙。」

「初學者想發心學菩薩幫人這是好的，也值得讚嘆，但是要先掂掂自己份量，以你現在的程度可以做什麼？」

也就是說，「有多大能力做多少事」！

有個笑話：「你的老婆跟你的丈母娘掉到水裡，請問你要先救誰？」

這笑話，「在這裡」的正解是：

「我誰都不救，想救也救不了，因為我不會游泳！」

哈哈哈!!

笑話說完，回到今天真正的主題，什麼是「根本上師」？

重點：

一、從究竟義上來說，根本上師是「空性究竟義」的代表，空性究竟義，在這裡一樣不能隨便跟新發意菩薩談什麼是空義，所以我們也不要隨便從這個方向對一般人來解釋根本上師的究竟義。

二、從方便義上來說，根本上師是佛法僧的總持，是教導我們從凡夫到成就的成就者。從教導方法來說，成就者根本上師為了讓行者跟祂一樣得成就，祂也會示現從凡夫到成佛的過程，因為祂要教導你如何解脱「生、老、病、死」苦，所以祂在人間要示現「生老病死」。

三、但很多人因為看到根本上師跟普通人一樣，也會生老病死，生病也要看醫生吃藥，以為那我們也要把根本上師當成一般人的想法做法來對待，變成：「我看到師尊（根本上師）有難，我要發心來幫師尊（根本上師）做什麼」這就有點解釋過頭了。

四、這樣的發心從「人性」的角度上來說是沒錯，我自己的親人有難我都要救，更何況是師尊。

但是重點「從方便義來說」你是「泥菩薩過江」啊！你自己都救不了你自己，你想救誰啊？

五、不是有句話：「有心無力」？你看到老婆掉到水裡，腦子一熱，就撲通跳下水裡想救她，然後才忽然想來，「糟糕我還不會游泳」，本來想救人，結果最後「還要人家救你」。

更好笑的是，跳進水後，才忽然想起來：「我老婆是游泳教練」!!

六、我知道一定會有人說：「我們修法最後都會迴向根本上師，身體健康，常住世間，不入涅槃！」難道錯了嗎？沒有錯！但是這是從剛剛說的，教導你修行，學習解脫生老病死苦的義理來說，要你從修法中學習禮敬根本上師，拉近你與根本上師更加親近的緣分，才能領受大加持。

並且，成就者不入涅槃才能渡化更多眾生，「以此迴向善因緣，你會跟眾生有緣，福分會更加增長，在修行路上會比較多善知識、貴人，比較容易成就，比較沒有障礙，這是一種正向善循環。」跟剛剛說的「根本上師有難」所以我們要發心「幫根本上師脫離苦難」完全是對「根本上師」義理錯誤的理解！

提醒大家有句話：「你把根本上師當成佛就得到佛的加持，你把根本上師當成菩薩就得到菩薩的加持」同樣道理也就是說：「你把根本上師當成會生病，會受難的人，那當然你也就得到生病與苦難的「加持」（替代）」同樣的迴向文，不同的發心會得到不同的結果！

再強調一次，成就者根本上師為了讓你跟祂一樣成就，祂也會示現從凡夫到成佛的過程（專有名稱叫「大手印」）。因為祂要教導你如何解脫「生、老、病、死」苦，所以祂要示現「生老病死」，這是方便義。

但實際上「根本上師」根本沒有「生老病死」，這樣有懂嗎？

我常說，「知道，但做不到，很正常，如果你知道的都做到了，那你就成佛了」好了！聽了這麼多，再回到我的一開始說的笑話：「你的老婆跟你的丈母娘掉到水裡，你要救誰？」你的回答是？請作答！

盧師尊說：

「業不可思，不可議！」

又說：「迴向不可思，不可議！」

再說：「發願不可思，不可議！」

總之，你還是走在「中道」上，有多少能力，你就迴向、發願多少。

這是我的主張。

我記得有一位行者發願：

「所有十方三世一切佛，十方三世一切菩薩，所發的願。全部都是我的願。」

他問我這個願，這個迴向好不好？

我答：

「不可思議！」

我認為：「你能抬起多少公斤，你就迴向多少。」

這樣比較適當。

乞丐當然可以發大願，但，做不到就是了。

「替代亦如是。」

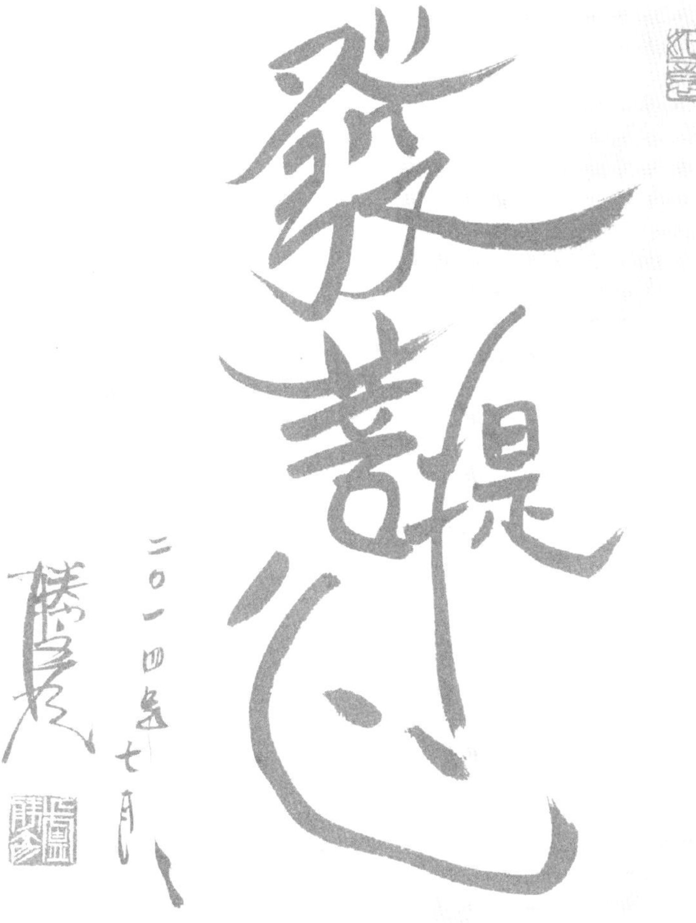
發菩提心
二〇一四年七月

「吐登卡瑪」的救災實錄

頂禮根本傳承上師　聖尊蓮生佛（三頂禮）

弟子吐登卡瑪日前在尼泊爾進行慈善布施活動時得到師尊大加持，特於此向師尊報告。

事由尼泊爾五月份為乾旱氣候，很多山區都出現了林火。有一天，我收到請求，希望能夠幫助被林火燒毀的十八户人家，地點在位於釋迦牟尼佛捨身餵虎崖的後山，離加德滿都約三小時的山路車程。我立刻答應，並安排了他們所需要的物資及鋅屋頂片，而且準備了車輛，計畫在五月八日到那邊給與他們實際上的安慰及鼓勵。雖然很多人勸阻，理由是林火未滅，可能會有危險，但是我還是希望能夠去到災區，慰問災民。

是日，早晨修法祈求師尊加持日程一切吉祥順利時，清楚的聽到師尊的聲音，對我說「會下雨，會下雨」。

接著我便上車前往該區與市長及政府官員開會，洽談在一座新醫院內成立無償洗腎中心的事宜。時至中午，還是艷陽高照，我心裡想，聽到的應該是我的幻覺吧…

吃完午飯後，我們一行人便驅車前往災區。不可思議的事發生了。在進入災區山區時，便開始下雨。接著越下越大，還摻雜了指甲般大小的冰雹。

到了災區，村委主席對我說，已經有一個月沒有下雨，直至我今天來到才有這場甘露雨，非常的不可思議。我說這場雨是我師父的恩典加持，他是一位成就者，時刻都在救度眾生。

布施活動結束前，我收到他們的報告，說這場雨，熄滅了該區十多個林火點。霎時，我的心中真的昇起了對師佛萬分的感恩及不共之信心，眼淚也摻雜著雨水流了下來。

弟子在五月份的慈善布施活動皆以慶祝師尊八十佛誕名義進行。並前往了薩迦證空上師的祖廟及師佛坐床的卡瑪列切寺布施及做佛法開示。我希望能夠以弟子小小的一份力，為師尊在尼泊爾正名，也讓宗派能夠在尼泊爾開傳。

不敢多怠用師佛時間。

祝願 師佛 佛體安康 六時吉祥 大樂任運 永駐世間 永轉法輪。

弟子吐登卡瑪頂禮

（盧師尊的金句說：「有佈施就有功德。這是開運的要訣。」）

「千艘法船」救度紀實

師尊不可思議的救度～千艘法船～三部曲

弟子蓮花玫蓮在此欲向師尊稟告師尊不可思議的救度。

（第一部）

在二〇二三年一月十五日下午，一如往常，弟子在網上跟隨師佛一起同修，當天同修本尊是金剛薩埵。師佛同修時提到，以前曾經在西雅圖及台灣做超度法會，師佛顯現神通，讓過去世的祖先及親人現前，與在場的人見面（陰陽會），直播現場有同門作證此事。

當時我靈機一動，立即閉目專一，以對根本傳承虔誠的淨信心，恭敬以師佛聖名及佛力，召請南摩地藏王菩薩（因為我每日抄《地藏經》，能感受地藏王菩薩的守護），引領去世了三十五年的外婆上來，我想見見她（外婆與我們同住，我們從小是外婆照顧長大的，所以關係很密切）。

很快的有一股法流下降，四周有股特別的磁場，我看見地藏王菩薩慈悲微笑，然後看見外婆站立在菩薩後面，我的眼淚開始失控流個不停……外婆顯現的樣子，跟生前是一模一樣的。我當下雖然失控流淚，但，不忘叮嚀外婆，在直播開示著那位是蓮生活佛，是我的根本師父，也是我幫外婆皈依的師父，我徐徐地教外婆持師佛心咒（嗡。古魯。蓮生。悉地吽。），再教外婆持「南摩觀世音菩薩」聖號及「南摩阿彌陀佛」聖號。（我教她三個聖號，希望她選擇其中一個跟她有緣的聖號或心咒來持）

我跟外婆說，一定要好好修行，要常常持心咒或者聖號，因為只有通過修行，才能提升外婆的境界，然後，很自然的，我又回到師佛直播的畫面中……。

幾天後，外婆托夢給我，要我幫她報名師佛的法會。于是，我就幫她報名，祈求師佛慈悲接引外婆上千艘法船，往生淨土。

（第二部）千艘法船的超度

二〇二三年四月三日彩雷護摩法會後，師佛演化千艘法船超度，我專注跟著師佛指示做觀想，看見往生的外婆站立在一艘非常巨大的法船中央（有如鐵達尼Ｔｉｔａｎｉｃ大郵船）。站在碼頭上的我，以心念傳達外婆，要她一心跟著師佛主壇的千艘法船，跟著阿彌陀佛去淨土繼續修行。外婆看我一眼後，跟我點點頭，就轉頭望著大法船最前端，恭敬合掌彎身９０度，頂禮阿彌陀佛。當下的過程有很強的法流下降，我熱淚盈眶，感恩師佛諸菩薩的救度……

（第三部）

外婆上千艘法船後相隔一個星期，在西雷周六同修，禪定時我看見一個妙齡少女，穿著古代新娘紅褂，非常漂亮。她一直叫我，我說不認識她。她說她是我外婆，現到了一個很好的境界。年輕漂亮的外婆很開心對我笑，跟我搖手道別。

敬愛的師佛，這是弟子的真實經歷，弟子沒想到，對根本上師的淨信，虔誠的祈求，能夠攝召地藏王菩薩慈悲引領外婆現身，外婆托夢報名師尊千艘法船超度，往生淨土等顯化，證實真佛密法不可思議，師佛法身無所不在顯現的救度，讓人深深感動及讚嘆。

感謝師佛無所不在，不可思議的救度。
弟子虔誠請佛住世，永轉法輪。

弟子蓮花玫蓮合十
（馬來西亞・芙蓉）

見證法會殊勝

頂禮敬愛的師尊：

祝師尊身體健康，吉祥如意。

弟子蓮花曉光，承蒙師尊厚愛，恩准弟子寫下在師尊法會上的見證。弟子深感榮幸，感恩師尊。

弟子之所以向師尊匯報，不是邀功爭寵。而是想請師尊印證弟子的所見，同時希望用弟子的親眼所見，來告訴大家我們的師父是多麼的尊貴偉大，多麼的仁慈寬厚，我們真佛弟子是多麼的幸福，一定要好好地珍惜這一世跟師尊的緣分。

在剛剛結束的周六（二月二十四日）及周日（二月二十五日）的兩場法會中，弟子見到很多師尊加持的殊勝景象，當時弟子幾次想走入護摩寶殿，當眾向師尊匯報，可又怕自己看到的萬一有差錯，豈不是打妄語，加上感覺自己業障深重，不夠資格作證。所以最終沒有鼓起勇氣付諸實施，只是向蓮傳上師做了口頭上的匯報，並請上師代為轉述給師尊。敬請師尊原諒。

事後弟子感覺這樣做不如法及有所缺失，內心惶恐。於是在蓮傳上師及蓮麒上師這兩位有證量的上師的鼓勵下，提起筆來，再次以寫信的方式向師尊匯報及請師尊印證。

一・有關白度母天眼通傳法大法會的見證：

大致有二個重點：

1.有關佛菩薩及諸天護法空行神眾下降的顯現：

師尊在法會開示時，有講到有很多的觀世音菩薩下降。弟子也看到了。同時看到了師尊和觀世音菩薩合一，蓮花童子與師尊合一，佛菩薩如虛空中繁星閃爍，出現在虛空。

虛空中還有很多五色天女在輕歌曼舞，婀娜多姿，美妙絕倫。弟子當時認為她們是瑤池金母的侍者，當聽到師尊開示時才知道是空行母。

2.奇特的眼睛：

在一片寂靜光明的虛空中，慢慢地出現了一隻大大的眼睛，眼睛呈順時針方向旋轉，不久眼睛的周圍橫向出現了像土星光環的白色光環，由右向左旋轉。光環漸漸放大，裡面坐著一排師尊，穿白龍袍，紅喇嘛裝，頭頂尖頂白色法王冠。然後上下光環高速旋轉合一，一剎那間變成一尊白度母，莊嚴無比。弟子覺得白度母在注視自己，猛然感覺自己的身體被吸入白度母的天眼中，然後就像進入時空隧道一樣越進越深。最後好像進入一間密室中，此屋空曠，只有一個透明的水晶金字塔，弟子的身體從空中掉入金字塔內，看到師尊坐在弟子面前，臉帶微笑。突然師尊又變成蓮華生大士，然後弟子感覺蓮師大放白光，於是弟子便覺自身進入白色光明中入定了。

二・有關聖觀音第一富豪護摩大法會的見證：

大致有四個重點：

1.有關佛菩薩及諸天護法空行下降的顯現：

虛空中大概有四層，最上層是佛菩薩，再下來是諸天護法空行神眾，最下層是千千萬萬尊龍王。龍王坐在椅子上。

2.彩虹雷藏寺護摩寶殿上空的祥雲與虛空中的文字和聲音：

在彩虹雷藏寺護摩寶殿的上方，緩緩的從虛空中飄來一排排的白色祥雲，覆蓋了整個大殿，雲像波浪狀，一浪蓋過一浪。

當弟子看到層層疊疊的諸尊下降時，虛空中有文字顯現（賢劫千佛，瑪哈噶拉，滿願童子……）

弟子聽到虛空中有聲音說：以後真佛宗會有很多大富豪，你們的師父是萬世法王。

3.多米諾骨牌般行走的金磚：

弟子看到一條幾公里長，像多米諾骨牌般擺放的金磚，彎彎曲曲，如九曲黃河。忽然最先一塊倒下，接著便一個接一個的滾動起來。虛空中滿願童子在飛來飛去跳舞。

4.師尊廣大菩提心及替代眾生業力的示現及弟子的體悟：

當師尊開示到有關師尊身體強健，雄偉壯碩的時候，弟子腦海中立刻出現了以往師尊脫衣展示健美體魄的樣子。但突然間師尊裸露的上身剎那出現了很多窟窿，好像被機關槍打成篩子一般。弟子大駭，為什麼會這樣？就在此時，師尊的身體又恢復了正常的樣子。恍然間弟子突然明白了為什麼會這樣。原來是佛菩薩通過這種示現來教化我們這些真佛弟子啊。

我們每一次求師尊加持，師尊都在替代擔當我們的業力，包括我自己在內有時都會有這樣的懈怠想法：反正有師尊加持，自己的功課及修為差一點沒關係，但正因為這樣，無形給師尊增加了很多的負擔及麻煩，間接的傷害到了師尊。實在是對不起師尊啊。師尊為了救度眾生，不辭辛勞，毫無怨言，無私地關懷每一位弟子。我們做弟子的更應當珍惜師尊，愛護師尊，應該在求加持的同時，做好功課，修正自己的言行，明瞭因果。身心清淨，無論結果如何，都應該感恩。只有這樣，才能得到真正的大加持，同時也減輕了師尊的負擔，更重要的提升自己，正確的走對修行的方向，真正的體會到什麼是一切都是最美好的安排。什麼是真正的敬師。

在此特向師尊匯報，以求師尊印證。

祝師尊佛安

弟子蓮花曉光跪拜頂禮

二〇二四年二月二十六日

我（盧師尊）寫一偈：

戴上尖尖法帽
又一次
走向護摩爐之道
屈指四五十年
一個法會
一回漸老

誰說杳杳渺渺
諸佛菩薩天女皆來到
是有知音早已曉
且給衆生做見證
殊勝未曾少

我讀《無上究竟的淨光－蓮生活佛講心經》的感悟

偉大的聖尊蓮生活佛在一九九一年至一九九三年間於西雅圖雷藏寺講述了一部非常偉大的經典《般若波羅蜜多心經》，講經內容後被整理成《無上究竟的淨光》這本書，時隔三十年弟子重讀此書，彷佛穿越回在西雅圖雷藏寺您講經說法時的現場，通過師佛淵博的學識和親切的語言告訴我們這本《般若心經》是真理，乃是超越一切存在的存在，是十方宇宙本來的大意義，一切現象是《心經》的展現。一切的現象根源於「空性」，「空性」的展現是一切現象。

《心經》般若法門是六度大乘道最後成就的大法，所謂三世諸佛以般若波羅蜜多故，得阿耨多羅三藐三菩提。不修般若無法成佛。學佛不是迷信的信仰，學佛需要我們懷疑，要有問題。比如生死問題、自我覺悟的問題等等，要我們觀察透徹，而以智慧成就，不是迷信成就，這得靠般若。所以般若法門是佛法的中心點，漸次演變為法相唯識，乃至般若的發揮。師尊在書中向我們詳細的說明了般若的心要。般若法門因龍樹菩薩大加弘揚而光芒萬丈。

佛的一切說法有兩條路線，其一始終以小乘四聖諦法「苦、集、滅、道」為基礎，世間一切皆苦。煩惱也是苦，生死一大苦，有生必有死，生老病死等無不是苦。如何了苦？如何了脫？若不能了，如何？除非得道，滅了所有妄想煩惱，滅了所有的業力作用，方能解脫一切苦，離苦得樂。但是一切凡夫眾生以苦為樂，積聚一切苦，拼命去追逐痛苦之事當成現實之樂，所以佛說眾生顛倒。

觀自在的意義著重在「觀」，隨時隨地觀照起心動念，觀著每個思想的起滅，以自己的智慧去覺察它，這個是行的方法，也就是「觀照解脫」。在這個世界上所有眾生的煩惱完全是因為看不破才有煩惱，假如能夠看破放下了，就不會有煩惱。要常常想這個世界一切的事情都是諸法皆空的，一種空相。就像我們平常修法打坐，如果內心沒有去觀察自己的心念，沒有觀心，等於是呆坐。

《心經》中的「五蘊皆空」就是身也空、心也空、精神世界和物質世界一切都空，身心也無，感覺也無。空了，沒有了，並非死亡；空樂趣，自己找自己的身心覺受都找不到，沒有腰酸麻木等現象，意識心中如果還有個感覺，那是受陰，也要空掉，妄想沒有了。

假如我們求神通、求清淨、求個境界，都是意識妄念的欲求。要念念捨，捨即佈施。念頭來就丟掉，能念念佈施，自然忍辱，忍即切斷念頭，合乎法忍，自然精進。念來捨之，去也不追，自然是禪定。這六度都在觀心境界中，等待自性般若顯露便照見內心內外一切皆空。「觀」自在就是咒，觀自在就是陀羅尼，總持法門。

「色不異空、空不異色，色即是空、空即是色」空了以後，空也不留，有個空的境界，清淨的狀態也是色法的變相。小乘聲聞的「色不異空」證到的空還是要空掉。「空不異色」，空依然是有相清淨，心意識所變現，仍是執著。「色即是空、空即是色」，這個色法本身就是空的，它的本性本來不住。由於本來空，才有色，有肉體，有物質世界的起用。一切萬有諸法，一切宇宙現象都因空而有，無真空便無萬有的緣起。就如同房間不空則不能用，因為空才有多種用途。萬法皆從空生，從空滅，空生空滅，並非沒有。它有生有滅，來去自在，生滅自由。所以如來者，無所從來，無所從去，自性本空，故說「緣起性空、性空緣起」。師尊在書中把空性與實有講述的非常透徹，般若法門是最高智慧成就的法門。我們修行人何必想去求空，自性本空，了不可得啊，空仍是妄想所變。原來大乘菩薩不是把妄想空了才證道，而是以般若觀照，想即是空。

師尊講解的《心經》告訴我們觀自在菩薩如此這般細說般若法門，無不是要一切眾生放下，真放下真解脫真自在。他起先從四聖諦法起講，最後又歸結到它。「無苦集滅道，無智亦無得」，生老病死的煩惱都沒有了，又需要什麼智慧不智慧的法藥來治療呢？又有什麼成敗得失呢？「無智亦無得」得個什麼？本來無所得。「以無所得故，菩提薩埵，依般若波羅蜜多故，心無罣礙」當修行到這一步，無智亦無得，就算證得般若了。由觀起修，終於照到了，因此「心無罣礙」，休息也好、工作也好、出家也好、在家也好，一切心、一切法，不相妨礙。這時對於任何境界皆無驚怕之心，不畏生死、不怕輪迴。正因為悟到了自性般若的大智慧，所以沒有顛倒夢想，究竟涅槃，成就佛果。這個時候我們就發大菩提心覺悟有情眾生。

師尊在最後強調，這一部經典完全在講空性，同時大家在修行當中也是有了覺受，但是要切實的把它證明出來，這個叫做「實證」，「實證」到最後就變成了「開悟」。我們平常的行為、言行像不像「佛」，努力去實踐「我就是佛」。看世界上所有的眾生都是佛，這個是平等沒有分別，就沒有特別的愛，也沒有特別的恨。真正的自在，沒有煩惱，無憂無慮，實踐這一種思想，這才是最圓滿的真理。所以才叫做「無上正等正覺，阿耨多羅三藐三菩提」。

愚弟子大鵬感恩和慶幸能與佛同世，成為您的弟子，修行真佛密法、聽聞佛法、深入經藏、了悟至上的真理。結合師佛現在講解的《維摩詰經》就更加容易理解般若智慧的真諦。

寫一首小詩：

萬象本無相，心境自清明。
覺悟在當下，了悟即菩提。
世間如幻影，苦樂皆隨緣。

空有皆無礙，自在觀自在。

弟子恭祝師尊師母佛體安康，長壽住世，恆轉法輪，普度眾生，弟子虔誠請佛住世！

愚弟子蓮花大鵬頂禮敬叩

二〇二四年六月十二日

禪定覺受

尊貴的，最敬愛的至高無上的聖尊蓮生活佛，

您是多麼的佛法無邊，多麼的不可思議！多麼的令人讚嘆啊！每一次參加完您主壇的護摩法會，我都是嘖嘖稱讚！

美國東北部時間，今個月的三月三日，星期日晚上六時，我在雲端參加完您主壇的「二〇二四年三月三日聖尊蓮生活佛盧勝彥法王講授《維摩詰經》（長壽佛護摩法會）」後，我至今仍心情澎湃！讚嘆不已！因此我又興奮地來給您寫信！

在給您寫信之前，首先讓我誠心的先向您頂禮跪謝。並祝福您身體健康！長住世間！

三月三日當日，美國東北部時間晚上六時正，我和我師兄一如既往的準時恭候在雲端前，參加您講授的《維摩詰經》（長壽佛護摩法會）。

在護摩法會的儀軌進行中，當您的佛手在柔和的，千變萬化的，舞動著法力無窮的手印，召喚著主尊長壽佛，宇宙菩薩，空行母的時候，

霎那間，我竟然如被電觸一樣，我內心突然感覺「擦」的一下，就立刻入了定！

我如一座小山丘般，動也不動地坐著。然而我卻出奇不意的，被坐在我身旁的師兄，以為我睡著了而溫柔的，輕輕的用他的手，把我的左腳推了幾下。

我不以為然的出了定。

我本以為這麼美妙的短暫入定就此結束。我若無其事地繼續專心致意地專注在您主壇的護摩法會上。

然而出乎意料地，我又再次入定！

當護摩法會結束了，當您開始您的法語開示的時候，我竟然在專心一意的聆聽著您的法語開示時，突然間我好端端的，一下子睜開著雙眼，又入了定！

而這次入定，好似注定了一樣，更好似有無形的「他力」在等待著我，一定要與我合一，賜我相應一樣！真的非常、非常的殊勝和非常、非常的不可思議！

更不可思議的是，我的整個身體內面的氣，像萬馬奔騰，排山倒海一樣！不斷的在我體內強烈的摩擦，翻騰、循環；酥酥的，非常的舒適…………！

這個氣由中脈而上，到頭部至頭頂，再從兩臂延伸至手指頭，跟著再慢慢擴散到兩腳至腳底，那暖暖的愉悅感覺，真是無以倫比的不可思議，以及難以置信得難以言喻！

更難以言喻的是，當我如山中大石，四肢被綁，僵硬如鐵，而全身又輕如鴻毛，放鬆如燕的坐著、坐著，而沉醉在三摩地的忘我境界的時候，我竟然慢慢的，變成了完全不是我自己，而是一尊莊嚴無比，栩栩如生，天衣綢裙重疊的紅色佛菩薩，我並且全身四周，光芒四射！我驚訝又讚嘆！

我全神專注地清晰地，聆聽著您主持的護摩法會，直至結束，待您準備要與雲端線上的眾弟子道別了，我才不得不出三摩地與您道別。

然而意料不到的是，當我出三摩地向您道別後，而又法喜充滿地面對壇城，面對所有諸佛菩薩衷心感恩時，瞬息之間，我又立即變成了一尊無比莊嚴，活靈活現的紅色佛菩薩；我並且雙手自動反復地做著，您當時剛剛主壇完了的護摩主尊（長壽佛）的「法界《定》印」！

非常的不可思議！

我真真實實、的的確確地體驗了，見證了，您曾經在開示時說過的說話：

「一尊相應，尊尊相應」的確真實不虛！

因此，在我一心不亂地跟隨您學佛之後，在積極學佛，修心養性、努力堅持實踐禪定，實修您的「真實密法」和每時每刻想念根本傳承上師您，祈求您的住頂，而幸運地與地藏王菩薩，大幻化網金剛，時輪金剛，高王觀世音菩薩以及根本傳承上師─聖尊蓮生活佛您相應；如今又與長壽佛相應！

我也真真正正地體驗了，您所說的：

「修行有所謂的『自力』，也有所謂的『他力』。」

而我就這樣幸運的，在靠自己的「自力」，又得到佛菩薩的「他力」慈悲加持下；今次，又在參加您的「二〇二四年三月三日聖尊蓮生活佛盧勝彥法王講授《維摩詰經》（長壽佛護摩法會）」，得到您的法力無邊，殊勝主壇的護摩法會後，我又幸運地與長壽佛合一、相應！

我更真真正正的體驗，您在您的第一五五冊《月光流域》〈娑婆來回〉，您問佛：

「當得見佛否？」

佛答：

「一心不亂，當得見佛。」

然後您又在書上說：

「我要告訴大家的是，要面見佛，聽佛陀的說法開示，只是一念，一心，這是最上乘的妙理，這是最真實，最窮極的真實相應。」的無比真實不虛的教誨。

如今，我活在無煩無惱，無憂無慮，快樂逍遙，無所謂之的開懷釋放的寬廣學佛的金光大道上！

我感恩又感恩！

我讚嘆又讚嘆！

尊貴的，最敬愛的至高無上的聖尊蓮生活佛，

我跟隨您學佛三十多年至今，我無以回報的感恩您！

您真的不可思議！

您真的大無畏的法力無邊！

因為有您，今天，我才活在感恩讚嘆中！

我衷心的感恩您！並衷心的祝福您，身體健康！萬壽無疆！長住世間以及師母身體健康！精神爽利！生活愉快！

愚弟子蓮花彩虹助教頂禮合十叩謝

寫於二〇二四年三月二十五日

美國東北部佛蒙特州

法王作家及畫家介紹

書寫般若智、畫境悉地遊、濃淡疏密間、動靜現禪緣

簡介：法王畫家與作家～真佛宗創辦人蓮生活佛盧勝彥

蓮生活佛獲得道顯密傳承，創立眞佛宗的源起：

- 一九六九年於台灣台中玉皇宮受瑤池金母開天眼，開啟了不同的人生。
- 一九六九～一九七二靈師三山九侯先生授法、皈依印順導師、了鳴和尚清真道長（得到中密及藏密紅教大法傳承），接受道顯密法的傳承。
- 一九八一年皈依白教大寶法王受大秘密圓滿灌頂。
- 一九八二年六月十六日赴美，此後三年閉關學法、修行，禪定中蓮華生大士教授大圓滿法、釋迦牟尼佛摩頂授記公開作者為蓮花童子轉世、彌勒菩薩賜戴紅冠。
- 一九八三年皈依黃教吐登達爾吉上師、花教薩迦證空上師。
- 一九八四年改名靈仙真佛宗為真佛宗。
- 一九八六年三月十九日（農曆二月十日）圓頂出家。

蓮生活佛盧勝彥是一位畫家

蓮生活佛被譽為「書畫奇才」，一九九三年五十歲才開始學習書畫，師從中國國畫嶺南畫派大師趙少昂的傳人朱慕蘭女士，學畫首年即發行第一本畫冊《胡亂塗鴉集》，而後發展自成一家，不論抽象、意象畫作，揮灑自如。書法則是返樸歸真、大巧若拙之境界，蓮生活佛作畫一如中觀修行，不偏不倚，卻隨性自在。他以書畫傳遞禪機與佛法，是當代能將藝術、心靈、佛法完美融合的第一人。

蓮生活佛盧勝彥更是一位著作等「樓」的作家

蓮生活佛盧勝彥文集有多元題材，他日日寫作數十年不輟，精進與毅力不同凡響。

蓮生活佛的創作大致可分以下幾個時期：

文藝時期（一九四五～一九六八）——以詩集、散文展露創作頭角。

• 一九六七年第一本創作《淡煙集》問世——自喻園丁種下創作的幼苗。

學法時期（一九六九～一九八四）——以靈學、道法、密法創作吸引世人眼光。

• 一九七五年推出第一本靈書《靈機神算漫談》（第十六冊），造成轟動。

• 一九八三年從第四十五冊《坐禪通明法》傳授密法的書籍開始公諸於世。

弘法時期（一九八五～一九八八）——融合道顯密傳承，自創真佛密法，普傳於世。

• 一九八六年真佛大法——第六三冊《真佛祕中祕》普現於世。

遊方時期（一九八九～二〇〇〇）——行腳世界，全球弘法，旅遊見聞全紀錄。

• 一九九二年五月著作完成第一百本文集— 實現世人眼中的不可能。

隱居時期（二〇〇一～二〇〇六）——著書傳法未曾間歇，師徒情誼由此維繫。

• 二〇〇二年十月第一本小說體著作——第一五九冊文集《那老爹的心事》。

出關後大轉法輪時期（二〇〇七～至今）——明心見性，大樂開悟，書中盡顯般若哲思。

• 二〇〇八年五月文字著作數量達第二百本——《開悟一片片》。

• 二〇二四年六月創作數量邁向新里程碑，第三百本——《回歸星河》

二〇一七年二月十二日法王創作全面電子化—財團法人真佛般若藏文教基金會正式誕生

「電子科技正當紅，書也蕭索、紙也易溶，恐怕未來轉頭空，上下古今雖是同，又風、又雨，落花流水忽西東，將來大密法如何立巔峰，欲順、欲逆，但看聖弟子的征鴻」，這是二〇一二年十月作者蓮生活佛在其二三〇冊文集《又一番雨過》中，曾為文提及因應時代科技的趨勢，對著書弘法形式走向電子化有著高度的期許。二〇一五年九月電子書開始籌備，二〇一七年成立「財團法人真佛般若藏文教基金會」，憑藉專業規畫一個具有圖書館及聊天室的概念，加上讓作者和讀者、讀者和讀者間可以雙向溝通討論的元素，讓虛擬網路建置成為有情世界的平台，「真佛般若藏」電子書網站(www.tbboyeh.org)，因此應運而生，而且能無遠佛屆的將蓮生活佛創作傳遞世界各個角落。

二〇二〇年二月財團法人真佛般若藏文教基金會，將蓮生活佛盧勝彥文集，虛實整合（電子與紙本發行工作的整合），負責法王所有創作蒐集、整理、管理及發行工作。

二〇二四年六月，實現書畫合一理念，以蓮生活佛畫作作為封面設計元素，將蓮生活佛盧勝彥文集，全面重新校對、繪製手印、更新封面再版完成。並訂於法王作家及畫家蓮生活佛八秩壽誕日，正式將三百本蓮生活佛盧勝彥文集成套發行。

為何要皈依？

人們為什麼要找尋皈依呢？因為聖典上說得很明白，「恐懼」與「庇護」其實就是皈依的兩顆種子。簡單的說，一切眾生都有恐懼的本能，因為恐懼就要尋求「庇護」，而得到「庇護」就是要「依怙」，就是找到依止的「皈依」。

而真正能「庇護」眾生者，一定是一位已經完全從恐懼與痛苦煩惱中解脫的人，而這種人就是「佛」，一個完全得正覺，能夠教導人們脫離煩惱的人。

原則上，世人要皈依的對象，必須是：

一、完全從恐懼煩惱中解脫的聖者。

二、具有解脫他人痛苦的大神通聖者。

三、對一切眾生具有慈悲心，有大誓願度眾生的聖者。

四、事理均開悟的聖者。

何謂皈依？

「皈依」等於是一個註冊的儀式，而佛因為你的註冊，就要指引你進入佛法寶藏領域的門。

佛要指引你達到完全解脫煩惱痛苦。

法是修行的功課，就是指引的路，唯一路徑。

僧是修行的助力，修行要有道侶。

為什麼蓮生活佛是值得您選擇皈依的對象？

至於皈依蓮生活佛「紅冠聖冕金剛上師盧勝彥密行尊者」，是因為這位聖者，已經來回「摩訶雙蓮池」淨土無數次。在佛法浩瀚廣大的領域中，他能夠指點你如何走，由一位明心見性的金剛上師來指導，可以解除你的懈怠及迷惑。因此，蓮生活佛就是你應該皈依的對象。

（以上摘錄自蓮生活佛盧勝彥文集第86冊《光影騰輝》第19章〈真佛宗皈依再說明〉）

要入「真佛宗」修持「真佛密法」，一定要先皈依，受灌頂，這樣才算是正式入門。要皈依蓮生活佛，取得「真佛宗」的傳承，該如何辦理？

一、親來皈依：先連絡好時間，由世界各地飛到美國西雅圖雷門市的「真佛密苑」，或依蓮生活佛弘法所在的地方，由蓮生活佛親自灌頂皈依。皈依灌頂之後，蓮生活佛會頒發皈依證書，根本上師法相及修持法本，如此便是取得「傳承」。

二、寫信皈依：欲皈依者，因遍布全世界各角落，親來皈依不容易。因此欲皈依的弟子，只要在農曆初一或十五日的清晨七時，面對太陽昇起的方向合掌，恭念四皈依咒：「南摩古魯貝。南摩不達耶。南摩達摩耶。南摩僧伽耶。蓮生活佛指引。皈依真佛。」三遍。念三遍拜三拜。（一次即可）。在自己家中做完儀式的弟子，祇需寫信列上自己真實「姓名」、「地址」、「年齡」，隨意附上少許供佛費，信中註明是「求皈依灌頂」，然後寄到美國的「真佛密苑」、「真佛宗世界宗務委員會辦事處」（詳如下述）。或直接上宗委會網站（https://truebuddhaschool.org/formrefuge）填寫皈依申請。

蓮生活佛會每逢初一或十五，便在「真佛密苑」舉行「隔空遙灌」的儀式，給無法親到的弟子遙灌頂。然後會給大家寄上「皈依證書」及上師法相，同時指示從何法修起。這即是取得「蓮生活佛」的傳承。

三、至真佛宗各分堂所在地請求協助皈依。（真佛宗的各地分堂分布於全世界）

※未皈依者，亦可耐心先持「蓮花童子心咒」，有所心神領會或感應，再來求皈依灌頂。短咒：「嗡。古魯。蓮生悉地吽。」長咒：「嗡啞吽。古魯貝。啞呵薩沙嘛哈。蓮生悉地吽。」

蓮生活佛盧勝彥「真佛密苑」的地址：

Master Sheng-Yen Lu
17102 NE 40th CT. Redmond, WA 98052-5479 U.S.A.

真佛宗世界宗務委員會辦事處地址：

True Buddha Foundation
17110 NE 40th CT. Redmond, WA 98052-5479 U.S.A.
Tel：（425）885-7573　Fax：（425）883-2173
Email：tbsblessing@gmail.com

台灣雷藏寺

地址：54264 台灣南投縣草屯鎮山腳里蓮生巷 100 號
No. 100, Lane LianSheng, Shanjiao Village, Tsao-Tun Township, Nantou County, Taiwan, 54264, R.O.C.
Tel：+886-49-2312992　Fax：+886-49-2350801

供養蓮生活佛除郵寄「真佛密苑」外，其他方式：

銀行匯款單填寫匯款用途，請填寫：贈予、供養。

英文的匯款用途，PAYMENT DETAIL

請填寫：GIFT-OFFERING

銀行名稱 (Bank Name)：Bank of America

銀行地址 (BanK Address)：10572 NE 4 St Bellevue WA 98004 U.S.A.

銀行匯款代碼 (Swift Code)：BOFAUS3N

銀行分行代碼 (Routing Number)：026009593

受款人 (Beneficiary Name)：Sheng yen Lu

受款人地址 (Address)：17102 NE 40th Ct Redmond WA. 98052 U.S.A.

受款人帳號 (Account Number)：1381 2709 7512

蓮生活佛

真佛般若藏
tbboyeh.org

全套再版紙本書
推廣助印及贊助

由真佛般若藏重新編輯再版，讓蓮生活佛的五十餘年創作能夠完整呈現，也是廣大讀者長期以來所殷切期盼。此次文集全套再版設計編輯，結合書、畫的製作發行，就是讓世人知道蓮生活佛是當代能將佛法與藝術結合的第一人。

蓮生活佛盧勝彥文集紙本書及電子書之發行，自第 277 冊開始二合一，由財團法人真佛般若藏文教基金會統籌負責。紙本書在台灣發行除了可至金石堂等各大書局訂購之外，為服務廣大各國讀者，真佛般若藏特別設立了網路訂購平台，可直接訂購蓮生活佛盧勝彥最新文集以及全套再版紙本書，訂購平台上也納入了多項由蓮生活佛盧勝彥創作所衍生的周邊贈品，歡迎您的推廣與贊助。

真佛般若藏網路訂購平台
www.tbboyeh.org/cht#/order

除了可在www.tbboyeh.org/cht#/order網路線上贊助之外，這裡也提供了贊助匯款帳號：

海外訂購或贊助匯款

帳戶戶名：財團法人真佛般若藏文教基金會
帳號：062087040548
銀行名稱：國泰世華銀行大同分行
Account name : TBBOYEH FOUNDATION
Account number : 0000062087040548
Bank Name : Cathay United Bank (013)
Branch : Tatung Branch (062)
Bank Address : No. 7, Songren Road Taipei City
Swift Code : UWCBTWTP

台灣地區贊助匯款

帳戶戶名：財團法人真佛般若藏文教基金會
帳號：062-03-500524-8
銀行名稱：國泰世華銀行(013)大同分行(062)
銀行地址：台北市重慶北路一段50號

郵局劃撥帳號：5043-7713
戶名：財團法人真佛般若藏文教基金會

如需任何協助，請洽publisher@tbboyeh.org

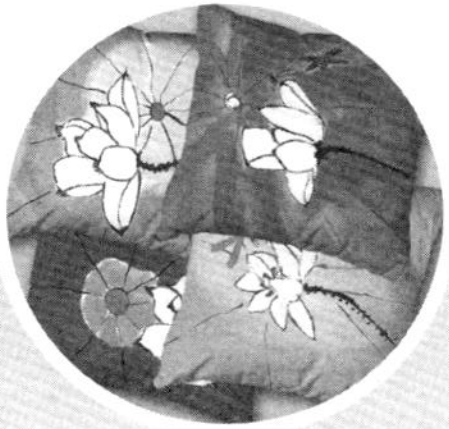
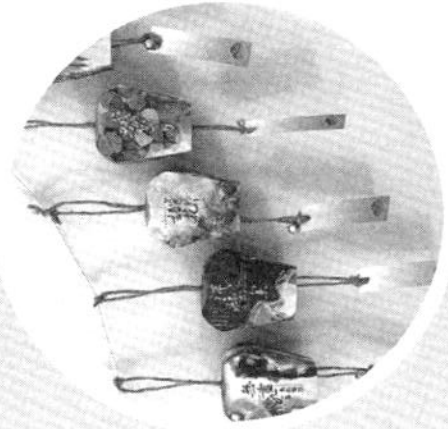

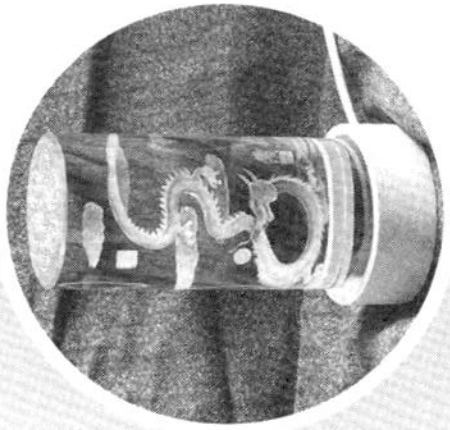

鬼域
對話
解脫的玄談
蓮生符
大陰山
七海一燈
禪機
小小叮嚀
大法力
神行記
金魚
花的魔力
水中月
靈異的真面目
陰陽界
層層山水
飄雪
甘露法味
密教大相應
行者
金剛怒目集
地靈
敦煌學

法流十方無盡燈

供燈活動

蓮生活佛自1967年第一本創作開始，
寫書度化眾生，至今50餘年，就是將其心中的光明，
顯化為一本本的書，不斷在全世界傳遞開來，
如同無盡燈散發十方無量的光明一般。

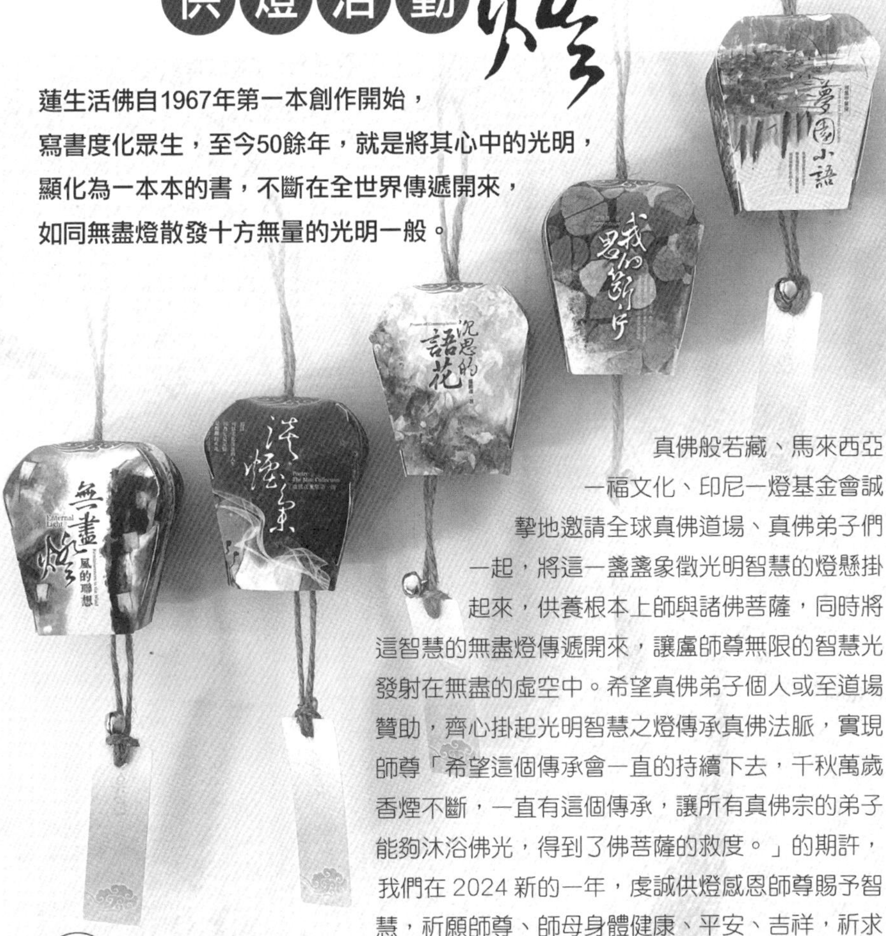

真佛般若藏、馬來西亞一福文化、印尼一燈基金會誠摯地邀請全球真佛道場、真佛弟子們一起，將這一盞盞象徵光明智慧的燈懸掛起來，供養根本上師與諸佛菩薩，同時將這智慧的無盡燈傳遞開來，讓盧師尊無限的智慧光發射在無盡的虛空中。希望真佛弟子個人或至道場贊助，齊心掛起光明智慧之燈傳承真佛法脈，實現師尊「希望這個傳承會一直的持續下去，千秋萬歲香煙不斷，一直有這個傳承，讓所有真佛宗的弟子能夠沐浴佛光，得到了佛菩薩的救度。」的期許，我們在 2024 新的一年，虔誠供燈感恩師尊賜予智慧，祈願師尊、師母身體健康、平安、吉祥，祈求

傳承真實龍天護 法流十方無盡燈

真佛般若藏
tbboyeh.org

供燈贊助及索取方式請洽詢真佛般若藏
e-mail：publisher@tbboyeh.org・tel：02-2999-0469

或上真佛般若藏贊助平台
https://www.tbboyeh.org/cht#/order/productDialog/59006

2025
歲次乙巳年
蛇年

農民曆

春雷擲地喚木蛇
東風繚繞吟新歌
不辭蜿蜒曲折行
送來吉祥平安樂

請掃描QR code填寫助印單
或向真佛般若藏連繫
publisher@tbboyeh.org

蓮生活佛盧勝彥文集全目錄 第001冊～082冊

蓮生活佛盧勝彥文集全目錄 第083冊～165冊

蓮生活佛盧勝彥文集全目錄 第166冊～248冊

蓮生活佛盧勝彥文集全目錄 第249冊~至今

持續創作中……

蓮生活佛盧勝彥文集 第302集

閃亮的金句

Shining Golden Words

尋找滄海遺珠

作者：盧勝彥
出版者：財團法人真佛般若藏文教基金會
地址：新北市三重區興德路117號5F
網址：https：//www.tbboyeh.org
電子郵件信箱：publisher@tbboyeh.org
聯絡方式：
電話：+886-2-2999-0469
電話：+886-2-8512-3080
傳真：+886-2-8512-3090
封面原畫：盧勝彥
封面設計：張守雷
印刷：寶得利紙品業有限公司
法律顧問：周慧芳律師
初版：2024年11月
ISBN：978-626-7497-10-4
定價：新臺幣260元（平裝）

國家圖書館出版品預行編目資料

閃亮的金句 ： 尋找滄海遺珠 / 盧勝彥作. — 初版. —
新北市 ： 財團法人眞佛般若藏文教基金會,2024.11
面； 公分
ISBN 978-626-7497-10-4(平裝)
1.佛教修持
225.87 113013513

一心就是海。
雜念就是波浪。
風一止。
浪就是歸於海。

～蓮生活佛盧勝彥

財團法人

真佛般若藏

妙智慧的總集　明心見性由此開始

無人彈時就無聲
有人彈時就有聲
喜聲悲聲均由此
借問聖賢聲何聲
二〇〇七年十二月